죽임의 문명에서
살림의 문명으로

한살림선언 · 한살림선언 다시 읽기

죽임의 문명에서 살림의 문명으로
한살림선언·한살림선언 다시 읽기

1판 1쇄 펴낸 날 2010년 7월 10일
2판 1쇄 펴낸 날 2011년 11월 1일
2판 2쇄 펴낸 날 2014년 10월 10일
3판 1쇄 펴낸 날 2021년 2월 1일

지 은 이 모심과살림연구소
펴 낸 곳 도서출판한살림
펴 낸 이 윤형근
편   집 장순철
디 자 인 그린다
출판신고 2008년 5월 2일 제2015-000090호
주   소 (우 06086) 서울특별시 강남구 봉은사로81길 15, 4층
전   화 02-6931-3612
팩   스 0505-055-1986
누 리 집 www.salimstory.net
전자우편 story@hansalim.or.kr

ⓒ 도서출판한살림 2021

ISBN 978-89-964602-0-6 03300

- 이 책 내용의 일부 또는 전부를 재사용하려면
  반드시 저작권자와 도서출판 한살림 양측의 동의를 받아야 합니다.
- 이 책은 재생종이로 만들었습니다.
- 잘못된 책은 구입하신 곳에서 바꾸어 드립니다.
- 책값은 뒤표지에 있습니다.

이 도서의 국립중앙도서관 출판예정도서목록(CIP)은
서지정보유통지원시스템 홈페이지(http://seoji.nl.go.kr)와
국가자료공동목록시스템(http://www.nl.go.kr/kolisnet)에서 이용하실 수 있습니다.
(CIP제어번호 : CIP2014029054)

죽임의 문명에서 살림의 문명으로

한살림선언·한살림선언 다시 읽기

모심과살림연구소

한살림

다시 한살림을 선언하며
-한살림선언 스무 돌에 부쳐

한 그루 어린나무가 제 품으로 이룬 그늘 속에
지친 목숨붙이들을 반겨 쉬어 가게 하기까지는
몇 번의 봄과 가을을 보내야 할까
첫걸음마를 시작한 아이가
그 가슴에 품은 존재의 그리움으로
잠 못 이루며 밤을 지새우기까지에는 얼마의 시간이 흘러야 할까

오늘
한살림선언 스무 돌
맨 처음 그 씨앗은 지금 얼마큼 자라났을까

선언이란
말씀의 씨앗을 뿌리는 일이다
나의 가슴과 너의 가슴
세상의 그 모든 가슴에 말씀의 씨앗들을 움틔우게 하는 일이다
민들레 씨앗처럼 퍼져 나가 온 세상 가득 꽃피우게 하는 것이다

물방울 하나가 대양에 떨어지면
그 바다의 부피와 너비와 깊이와 온도가 변한다는 사실을 안다면

하나의 선언이 어떻게 혼돈 속의 길잡이가 될 수 있는지도 안다
그때,
한살림선언을 처음 세상에 발표했을 때
공산당선언보다 더 의미 있는 선언이라며 설레었다
둘 다 밥이 세상의 중심임을 천명하였으되
공산당선언은 밥 속의 땀방울을 보아
그 밥을 고루 나누는 세상을 지향하였고
한살림선언은 밥 속의 하늘을 보아
밥을 모시고 살리는 세상을 이루고자 하였다

문명의 겨울이 다가옴을 예비하며
밥을 모시고 살리는 일이 땅을 모시고 살리는 일이며
세상을 또한 모시고 살리는 일임을 일깨우는
한살림선언이 처음 세상에 울려 퍼졌을 때
그것은 새 개벽을 기다리던 이들에게
새 하늘과 새 땅을 여는 새 소식, 새 희망이었다
그 선언으로 우리는 저마다 설레는 꿈 한 자락씩 다시 가질 수 있었다

그렇게 한살림선언은 이 땅에 생명운동의 길을 밝히는 등불이었다
그리고 오늘 그 선언의 스무 돌
이 자리에서 다시 돌아보는 것은 무엇인가

마침내 지금 우리는 예감했던 그 겨울의 문턱에 와 있다

어떻게 이 혹한의 겨울을 견뎌낼 수 있을 것인지
다음에 맞이할 계절이 과연 봄일지 무엇일지 알지 못하는
캄캄한 어둠 앞에 마주 서 있다
밥의 독점과 상품화는 더욱 심화되었고
병든 밥으로 세상의 병환은 더욱 깊어졌다
밥 속의 하늘을 보지 못하여
우리 속의 하늘 더욱 어두워졌다

한 시대를 일깨우던 선언의 기개는 시들고
말(言)은 이제 그 힘을 잃고 어눌해졌다
우리가 잃어버린 것은 무엇이고
또 잊어버린 것은 무엇인가

다시 밥이다
다시 밥 속의 하늘이다
다시 밥의 모심과 살림이다
다시 모시고 돌보는 법을
땅을 딛고 가슴을 여는 법을
다시 기도하는 법을 배우는 일이다

혹한의 겨울 앞에선
시린 가슴을 서로 보듬어 녹이고
밥을 모시고 나누며 새롭게 봄을 준비해야 한다

그 길을 다시 선언해야 한다
함께 살고 크게 다시 사는 그 길을

선언은 시대의 혼을 드러내는 일
그리하여 다시 한살림선언이다
한살림선언의 스무 돌의 오늘
그러므로 우리가 해야 할 그 첫 번째 일은
한살림선언을 다시 하는 일이다

밥을 모시고 살리는 일이
하늘이 하늘을 모시고 살리는 일임을
들판과 부엌이 손길 맞잡는 밥 한 그릇의 사랑을
그 밥 한 그릇으로 이루는 평화를
한 그릇 밥에 담긴 하늘로 열어 가는 개벽을
함께 보듬어 안는 혁명을

나와 너의 가슴
아직 따스한 가슴으로 남아 있는 세상의 그 모든 품속에
한살림의 씨앗 보듬어
다시 푸르게 싹틔우는 일이다.

2009년 10월 28일 한살림선언 스무 돌에
여류 이병철 모심

편집자의 말

《죽임의 문명에서 살림의 문명으로》를 펴내며

앞선 시대정신으로 생명의 지평을 열며 한살림운동의 비전과 방향을 제시한 〈한살림선언〉이 세상에 나온 지 20년이 되었다. 자꾸 부끄러워진다. 〈한살림선언〉의 심원한 사상을 접하며 작아지고 그동안 선각들의 귀한 메시지를 널리 나누지 못한 것이 죄송스럽다.

물론 세상은 바뀌었고 한살림운동과 생명운동도 성장과 확장을 거듭해 어여쁘고 늠름한 성년의 모습을 갖추었다. 가까이 두고서도 조금은 소홀했던 〈한살림선언〉의 문명사적 통찰과 깊고 넓은 철학을 '다시 새롭게' 우리 모두의 것으로 살려내야 할 필요를 절실하게 느끼고 있었다.

한살림운동의 선후배들이 모여 〈한살림선언〉의 창조적 계승을 의논한 끝에, 2008년 모심과살림연구소를 중심으로 '〈한살림선언〉 다시 읽기 모임'을 진행하였다. 외부 전문가들을 모시고 '〈한살림선언〉

의미 찾기' 토론회도 여러 차례 개최하였다. 2009년 1월에는 그간의 고민을 모아 '새롭게 읽는 〈한살림선언〉, 무엇을 어떻게 담을까?'라는 주제로 토론회를 열기도 했다. 그리고 지난해 내내 도시와 농촌의 한살림 회원과 활동가, 실무자 등 12명이 모여 〈한살림선언〉을 재해석하고 실천적인 과제로 풀어내는 작업을 진행해 왔다. 이런 노력은 〈한살림선언〉에 담긴 소중한 메시지와 철학을 탐구하는 한편 세상과 소통할 방법을 찾는 과정이기도 했다.

결론은 역시 〈한살림선언〉이다. 생명의 시대, 살림의 문명을 꿈꾸는 님들에게 다시 읽기와 새롭게 읽기를 제언한다. 월인천강月印千江, 하나의 달이 천 개의 강에 비친다. 여기 담은 또 하나의 '한살림의 길'처럼 제각각의 해석과 창조를 기대한다. 생명과 평화의 길, 모심과 살림의 길에 함께하기를 염원한다.

2010년 6월
모심과살림연구소

《죽임의 문명에서 살림의 문명으로》 재판을 펴내며

요즘처럼 '위기의 시대'라는 말을 실감한 때가 없었습니다. 유럽에서 들려오는 파산 경고와 세계 자본주의의 심장 뉴욕 월스트리트에서 벌어지는 99%의 항거가 남의 일이 아닙니다. 기후변화로 인한 농부들의 시름은 일상이 되었거니와 생태적 대재앙과 경제대공황으로 이어지는 인류 종말의 경고가 그냥 허사로 들리지 않습니다. 후쿠시마의 충격은 불안과 공포를 현실로 만들었습니다.

'생명의 위기'는 '존재의 위기'입니다. 세끼 먹고사는 일도 힘겹습니다만 생활의 문제를 넘어섭니다. 자살과 만성 우울증, 비혼非婚의 증가가 예사롭지 않습니다. 섬세한 영혼과 맑은 내면과 심원한 무의식이 생명 위기를 감지합니다. 불안하고 곤고한 생활을 더는 버티기 어려운 사람들이 늘어납니다. 삶의 근본 자리, 발밑 생존의 터전이 무너집니다. 영혼의 위기입니다.

올해 초 세네갈에서 열린 세계사회포럼의 주제가 '시스템과 문명의 위기crisis within system and civilization'였습니다. '다른 삶', ' 다른 세상'은 피할 수 없는 선택지가 되었습니다. 이미 이심전심으로 전 세계가 위기를 인식하고 있습니다. 문명의 전환과 새로운 시스템, 더는 몇몇 지식인들만의 담론이 아닙니다.

〈한살림선언〉이 더욱 소중해집니다. 지금으로부터 22년 전 〈한살림선언〉은 산업문명의 위기를 경고하며 생명의 패러다임으로 전환할 것을 촉구했습니다. 냉전의 총부리가 서로를 겨누고 있던 그 시절에 이미 자본주의와 사회주의 둘 다 대안이 아니라고 단호히 선언했습니다. 우주적 각성과 생태적 각성, 공동체적 각성을 토대로 '자기실현', '생태적 균형', '사회정의'가 실현되는 한살림세상의 꿈을 펼쳐 보였습니다.

'전환'. 방향은 분명합니다. 죽임의 문명에서 살림의 문명으로. '돈의 길'이 아니라 '삶의 길'입니다. 상품가치가 아니라 생명가치입니다. 자연과의 분리, 이웃과의 단절이 위기의 근원입니다. '성장 없는 풍요', 더 많은 시간과 더 많은 관계를 통해 영성적 삶과 생태적 삶과 공동체적 삶이 어우러지는 한살림이 지금 여기서 실현됩니다. 더욱 느리게, 더욱 부드럽게, 더욱 자그맣게, 그리고 이렇듯 더욱 단순 ^{simple}해짐으로써 오히려 온전^{holistic}하게.

초판을 펴낸 지 한 해 남짓 지났습니다. 몇 가지 오류를 수정·보완해 재판을 찍게 되었습니다. 먼저 〈한살림선언〉 본문의 몇 가지 오·탈자를 바로잡았고 2부 '한살림선언 다시 읽기'의 몇몇 부적절한 표현을 손질했습니다. 특히 〈한살림선언〉 본문의 경우는 대표 집필자인 최혜성 선생의 지적에 따라 '자아'를 '자기'로 바꾸었습니다. 여전히 한살림에 관한 관심과 애정이 깊은 선생님께 지면을 빌어 감사의 마음을 전합니다. 최혜성 선생에 따르면, 81쪽 "한살림은 자아실현을 위한 '생활수양활동'이다"에서 〈한살림선언〉 작성 당시 '자아'와 '자기'를 혼돈해서 사용했지만, 자아실현의 자아는 자기의 잘못된 표현이라고 합니다. 실제로 분석심리학에서 자아^{ego}는 자기를 의식하는 주체이며, 자기는 자의식과 심층 무의식의 세계를 포함한 전체로서 자기^{self}를 의미합니다. 이 때문에 '자기실현$^{self\ realization}$'이라고 쓸 때 그 의미가 제대로 살아납니다.

〈한살림선언〉을 세상에 내어놓은 선각들이 떠오릅니다. 이미 고인이 되어 '다시 돌아간' 무위당 장일순 선생과 박재일 회장이 그립습니다. 김지하 시인도 찾아뵈어야겠고 최혜성 선생의 말씀도 한 번 더 청해 들어야겠습니다. 〈한살림선언〉의 깊고 넓은 문제 제기와 논술은 여전히 총총하고 적확한데, 후배들의 공부와 문제의식은 여전히 무디고 게을러 죄송할 따름입니다. 더욱 분발하고 정진해야 할 때입니다. 살림의 인문학, 살림의 경제학, 살림의 정치학으로, 학을 세우고 전환의 이론으로 벼려야 하겠습니다.

사람을 비롯한 뭇 생명이 꿈꾸는 세상은 이미 〈한살림선언〉 안에 있습니다. 전환의 시대, 민초들의 마음에 다가가며 세상과 함께하는 한살림운동, 세상을 바꾸는 생명운동이 되기를 기대합니다.

2011년 11월
모심과살림연구소 부소장 주요섭 모심

차례

《죽임의 문명에서 살림의 문명으로》를 펴내며　8
《죽임의 문명에서 살림의 문명으로》재판을 펴내며　10

한살림선언

생명의 지평을 바라보면서

산업문명의 위기　　　　　　　19

기계론적 모형의 이데올로기　　28

전일적 생명의 창조적 진화　　　38

인간 안에 모셔진 우주 생명　　　50

한살림　　　　　　　　　　　　68

한살림선언 약사　　　　　　　　88

2부

한살림선언 다시읽기

한살림세상을 희망하다

또 하나의 역사	93
한살림선언의 탄생	98
시대 상황	101
한살림선언의 사상적 배경	104
선언의 구성과 내용	115
한살림세상	132

다시 한살림의 길을 묻다

다시 새롭게	145
전환의 시대	147
한살림운동	157
살림의 그물	170
한살림, 생명평화의 길	185

1부
한살림선언

──── **생명의 지평을 바라보면서** ────

이 선언문은 한살림운동의 이념과 실천 방향을 확립하기 위해 가진 공부모임과 토론회에서 합의된 내용을 장일순, 박재일, 최혜성, 김지하가 정리하고 최혜성이 대표 집필하여 1989년 10월 29일 한살림모임 창립총회에서 채택한 것이다.

산업문명의 위기

I

 인류가 자유, 평등, 진보의 깃발 아래 피와 땀을 흘리면서 이룩해 온 오늘날의 문명 세계는 물질적 풍요를 가져다준 반면 인간을 억압하고 소외시키고 나아가서 인류의 생존 기반이 되는 지구의 생태적 질서를 훼손시키고 파괴하고 있다. 일찍이 자연의 주인임을 자처하고 자연을 지배해 왔던 인간이 자연 지배의 도구로 사용했던 기계와 기술에 사로잡혀 하나의 부품이나 계량적 단위로 전락해 버렸다. 오늘날 인간은 삶의 진정한 주체라 할 수 없고 다만 기계의 지배에 조종되는 대상일 뿐이다.
 기술의 진보는 자연의 지배를 확대·강화하고 인간의 노동을 합리화·기계화함으로써 놀라운 생산력 발전을 이룩하여 대량 생산의 길을 열어 놓았다. 오늘날 자본주의는 낭비적 소비가 권장되고 미덕이 될 정도로 물질적 성장과 풍요를 성취했다.
 그러나 풍요로운 산업 사회에서 물질적 안락을 누리고 있는 많은 사람은 넘쳐 흐르는 상품의 홍수 속에서 넋을 잃고 상품의 소유와 소비에서 자신의 존재를 확인하게 되었다. 이제 인간은 '자신의 생각, 느낌, 활동의 주체'로서 존재하는 것이 아니라 상품을 소유하고 소비하기 위해서 자신의 영혼과 육체, 지식과 노동을 상품으로 파는 소외된 존재로 전락해 버렸다. 물질, 에너지, 정보에 대한 지배권을 장악하고 있는 기술 관료 체제는 인간의식을 조작하고 통제할 수 있게 되었고 대중매체를 통하여 더욱 강화하고 있다. 대중 매체는 사회적 의식, 태도뿐만 아니라 개인적 욕구, 희망, 기호嗜好까지도 결정하는 지배 문화가 되었다. 결국 자본주의는 일찍이 자연의 정복에 활용하였던 과학과 기술을 가지고 인간 심리를 조작·지배하여 폭력이 아닌 다른 방법으로써 사회의 원심력을 정복하였다. 그리하여 산업기술은 인간에 대한 새로운 통제와 지배 형태로 등장하게 되었다. 산업 사회 초기에 그렇게 소중한 가치였던 인간의 자유와 존엄이 생산과 능률을 앞세우는 기술 이데올로기 앞에 굴복하게 되었고, 인간은 기계, 기술, 체제에 예속되어 종속적 위치를 기꺼이 받아들이게 되었다. 선진 자본주의 사회는 물질적 성장과 풍요를 성취하였으나 근본적으로 전체주의 경향을 띠고 있다.

자본의 지배, 절대적 빈곤, 노동의 소외로부터 인간 해방을 선언했던 공산주의는 자본주의 지배 질서에 대항하면서 오늘날 세계의 절반에 가까운 넓은 지역에 사회주의 생산 양식과 프롤레타리아 독재 체제를 구축하였다. 그러나 공산주의는 자본주의 발전의 전제가 되었던 과학과 기술을 계승하여 경제 성장과 근대화의 추진력으로 삼았다. 혁명 초기에 사회주의 생산 양식은 과학 기술을 활용하고 노동의 기계화, 합리화, 집단화를 단행함으로써 생산력 증대에 적지 않은 성과를 올렸다.

한편 공산주의는 사회주의 혁명을 완수하기 위해서 노동자 계급의 독재를 주장하고 확립하였다. 혁명의 완성 단계에서는 적대 계급이 소멸하고 우호적인 노동자와 농민계급만이 있으므로 복수 정당제가 존재할 이유가 없다는 것이다. 사실 노동자 계급의 독재란 모든 권력이 혁명을 주도하는 당에 집중되고 다시 당 관료와 지도자의 손에 집중되는 것을 뜻한다. 당과 지도자는 인민들에게 자발성과 자율성보다는 체제에 대한 동조와 순응을 요구하고 기계에 대한 종속적 태도를 강요하고 있다. 인민들은 사고와 행동의 자유를 빼앗기고 자신의 삶과 운명을 결정하는 과정에서 소외되어 있다. 그리하여 그들은 노동과 공동체에 대한 애정과 관심을 잃어버린 채 자기 능력 이하의 노동을 마지못해 하고 있을 뿐이다. 오늘날 공산주의 현실은 마르크스주의의 궁극 목표인 인간 해방이 아니라 인간의 재노예화인 것이다. 결국 공산주의는 권력을 당과 국가의 관료에게 집중시킴으로써 관료의 무책임, 부패, 나태만을 조장하고 있을 뿐만 아니라 인민들의 노동 의욕을 약화시킴으로써 경제를 무기력하게 만들었고 자연 자원을 무분별하게 개발함으로써 자연을 황폐화하였다.

소련은 초강대국이면서도 자국민을 먹여 살릴 식량을 자급하지 못하고 전자 제품에서 일용 식량에 이르기까지 일상생활용품을 수입하고 자연 자원과 무기武器만을 수출하고 있을 뿐이다. 이것이 사회주의 소련 경제의 치욕적인 상징이 되고 있다. 최근 공산주의 세계에 변화의 바람을 몰고 온 고르바초프의 페레스트로이카 정책은 낡은 스탈린주의에 대한 혁신적 비판이면서 동시에 사회주의 모순과 사회주의 경제 실패에 대한 용기 있는 인정이라 할 수 있다.

오늘날 세계는 자본주의와 공산주의로 양분되어 서로 대립하고 갈등하고 있으나 '기술적 산업주의'라는 같은 문명적 기반 위에 서 있다. 이것이 세계를 지배하고 있는 것이다. 산업문명은 기술과 기계로써 인간과 자연을 통제하고 지배하는 전체주의적 세계이다. 전체주의적 억압이 인간을 인간답지 않게, 사회를 사회답지 않게, 자연을 자연답지 않게 만들고 있다. 인간은 본성을 잃어버린 채 참된 '자기'로부터 소외되고 공동체를 상실한 채 '이웃 사람'으로부터 고립되고, 그 생존의 모태인 '자연'으로부터 단절되어 '죽임'을 강요당하고 있다. 때문에 산업문명은 생명 소외生命疎外의 체제이고, 본질적으로 반인간적일 뿐만 아니라 반생태적인 문명이다. 동시에 산업문명은 모든 것을 뒤집은 혼돈의 세계이다. 산업문명은 생명을 기계로, 존재를 소유로, 주체를 객체로, 주인을 노예로, 지식을 기술로, 자유를 동조로, 노동을 상품으로, 낭비를 필요로, 파괴를 생산으로,

가격을 가치로 바꾸어 놓음으로써 전도된 세계를 연출하고 있다. 그리고 산업문명은 인간과 인간, 인간과 사회, 인간과 자연을 분열시킴으로써 서로 대립하고 투쟁하게 하는 갈등의 세계이다. 오늘날 국제적으로는 자본주의 진영과 공산주의 진영, 선진 공업국과 제3세계 국가가 서로 대립하고 있으며 사회적으로는 노동과 자본이 투쟁하고 있고, 인간 정신 안에서는 이성과 감성이 갈등하고 있다. 그리고 생태적으로는 인류가 자연에 적대하고 있다. 사실 산업문명은 우리 민족과 한반도를 분단시켜 놓았고, 같은 민족이 서로 다른 이데올로기와 체제를 가지고 적대하도록 하는 문명사적 전제이기도 하다.

20세기 후반에 들어와서 산업문명은 개인의 일상생활에서 사회·경제·정치의 영역에서, 전 지구적인 생태계 영역에서 위기에 직면해 있다. 이것은 물질적, 제도적 위기일 뿐만 아니라 지적, 윤리적, 정신적 위기이며 인류사상 유례없는 규모와 긴박성을 지닌 위기, 바로 전 인류와 지구 전 생명의 파멸을 의미할 수도 있는 위기다.

오늘날 산업문명이 직면하고 있는 위기는 다음과 같은 증후症候로 나타나고 있다.

첫째, 핵 위협과 공포다.

제2차 세계 대전 후 미소 간의 이데올로기적 냉전 체제는 전략적 우위의 선점을 위한 핵무기의 경쟁적 개발과 비축을 유발하여 지구와 인류 자체의 파괴를 의미하는 핵전쟁의 공포에 떨게 하고 있다. 한편 원자력의 평화적 이용이란 미명 아래 개발된 핵발전소가 또 다른 핵 공포를 불러일으키고 있다. 두 차례의 석유 파동 이후부터 화석 연료의 고갈에 대한 대안으로 인식되면서 세계적으로 확산해 나가고 있다.

둘째, 자연환경의 파괴이다.
과도한 물질적 성장 추구는 과잉 생산, 낭비적 소비, 인플레이션, 불황, 실업 등과 같은 경제적 재해를 초래할 뿐만 아니라, 동시에 인간의 육체적, 정신적 건강과 자연의 생태적 균형을 파괴하고 있다. 특히 과도한 화석 연료 사용 때문에 발생하는 산업 폐기물은 대기, 바다, 강, 그리고 들과 산을 오염시켜 가공스러운 오존층 파괴와 기상 이변을 초래하기에 이르렀다. 대기 오염으로 인한 산성비, 그리고 화학 비료와 농약의 과도한 사용은 토양의 유기적 순환 질서를 파괴하였고 식수, 식품의 오염은 인간의 건강에 치명적인 위협이 되고 있다.

셋째, 자원 고갈과 인구 폭발이다.
끝없는 성장과 확대 추구는 인간 생존에 불가결한 금속과 광물, 산림과 어류, 산소와 오존을 소진시키며, 한정된 채 재생시킬 수 없는 화석 에너지원을 고갈시켜 나갈 것이다. 자원이 고갈되어 가면서 동시에 세계 인구가 폭발적으로 증가하는 것은 인류 미래에 중대한 위협이 아닐 수 없다. 선진 자본주의 열강의 식민지였던 제3세계는 과거 식민지 시대 이래 창출된 부가 외부로 유출되어서 아직도 절대적 빈곤에 허덕이고 있다. 제3세계에 유출된 부가 선진 공업국들의 인구 평형에는 이바지했을지 몰라도 제3세계의 인구 증가를 폭발적으로 가속하고 있다.

넷째, 문명병의 만연과 정신 분열적 사회 현상이다.
환경 오염과 사회적 갈등, 그리고 심리적 긴장은 한편으로는 인체의 면역과 자기 치유 기능을 약화시켜 암, 에이즈, 심장병, 뇌 내출혈, 당뇨병 등과 같은 만성적 퇴행성 질환을 만연시켰고, 다른 한편으로 사회 문화적 환경을 악화시켜 우울증, 분열증, 자폐증과 같은 정신 질병과 폭력, 범죄, 마약 중독, 사고, 자살 등의 사회 분열증 현상을 야기하고 있다.

다섯째, 경제의 구조적 모순과 악순환이다.
시장 원리를 추구하는 자본주의는 낭비적 소비를 조장하는 과잉 생산 체제로서 그것은 경기 순환 과정에 주기적으로 인플레이션, 불황, 실업을 발생시키는 악순환의 모순을 가지고 있으며, 자본주의 모순의 대안으로서 확립된 사회주의는 악순환의 고리인 시장 경제를 거부하고 사회적 통제와 계획이 생산과 공급을 결정하는 체제를 채택하고 있지만, 필수적인 수요마저 충족시키지 못하며 공급 부족과 생산의 비능률을 유발하는 또 다른 모순을 낳고 있다.

여섯째, 중앙 집권화된 기술 관료 체제에 의한 통제와 지배이다.
자원, 에너지, 인간 노동을 지배·관리하는 기술 관료 체제 특히 정부와 당과 대기업은 합리성, 능률, 성장을 내세워 더욱더 전문화, 거대화되어 가고 중앙 집권화를 강화하고 있다. 그 결과 중앙 집권화로 비대해진 기술 관료 체제는 에너지 낭비와 관리비 증대로 인해 생산·관리의 사회적 비용과 생태적 비용을 증가시키면서 인플레이션과 실업, 환경 오염과 자원 고갈을 촉진하고 있으며 인간에 대한 통제와 지배를 강화하면서 비능률과 부조리, 부패와 나태만 유발하고 있다.

일곱째, 낡은 기계론적 세계관의 위기이다.
우리는 일상생활 가운데 매일 산업문명이 유발하는 수많은 위기의 현상과 맞부딪치게 된다. 인플레이션과 실업, 에너지 위기, 건강 위기, 환경 재해, 폭력과 범죄의 증가를 우리는 일상적으로 경험하고 있다. 그러나 오늘날의 경제 전문가들은 인플레이션과 불황의 진정한 의미와 원인을 이해하지 못하고, 병리학자나 의사들은 암과 에이즈의 정체를 몰라 당황하고 있으며, 정신 분석학자들은 조현병에 아무런 해답도 주지 못하고 있고, 치안 당국과 법률 전문가들은 날로 증가하고 있는 폭력과 범죄에 속수무책인 상황에 처해 있으며, 환경 전문가들은 환경 문제에 피상적 대책만을 내놓고 있다. 이러한 상황은 상호 의존하면서 전체적으로 연결된 역동적 세계를 낡은 기계론적 세계관으로 이해하고 틀 지우는 데에서 연유하는 것이다. 위에서 열거한 산업문명의 여러 위기 증후는 결국 동일한 하나의 위기, 즉 낡은 세계관의 위기의 다른 표현에 지나지 않는다.

기존의 사회 조직, 가치 체계, 세계관은 핵 공포와 환경 오염, 암과 조현병, 폭력과 범죄, 물가고와 불황, 자원 고갈과 인구 폭발 등과 같은 위기 상황의 진상을 규명하고 처방을 구하기에는 너무나 편협하고 낡은 것으로서 이미 그 한계를 드러내고 있을 뿐만 아니라 바로 이것이 오히려 위기의 근원이라 할 수 있다. 17세기 이래 약 300년간 서구인들이 주도해 온 세계 질서와 그 기반이 되는 세계관, 가치 체계, 문화 모형에 대해 전면적 재검토와 재평가를 할 때가 온 것이다.

기계론적 모형의 이데올로기

I

세계의 위기는 자연 파괴, 인간 소외, 사회 분열, 경제의 악순환, 권력의 억압, 사상의 혼돈 등의 증후군들로 나타나고 있다. 이러한 위기 상황은 인류 문화의 역사적 맥락에서 이해될 필요가 있다. 근세에 들어와서 서구인들이 지배해 온 세계 질서는 서구의 계몽철학, 실증과학, 산업혁명, 시민혁명이 형성해 온 역사적 산물이다. 오늘날 인간을 억압하고 소외시키며 자연을 지배하고 파괴하는 산업문명도 한때 인류에게 자유, 평등, 진보를 약속하는 복음으로 여겨졌다. 그러나 19세기에 이르러 독점 자본주의, 기술 관료 체제, 제국주의가 등장하게 되면서 산업문명은 세계를 하나의 거대한 기계장치와 같은 질서로 편성하게 되었다. 여기에 사상적 기반과 과학적 근거를 제공한 것이 다름 아닌 분석적 합리주의 철학과 실증주의적 과학이었다.

데카르트Descartes의 철학, 뉴턴Newton의 물리학, 존 로크John Locke의 사회 사상은 인간과 물질을 고립되고 단절된 원자적 존재로 파악하고 자연, 사회, 우주를 기계론적 모형으로 설명하고 있다. 그들은 인간이 육체 안에 외부와 격리되어 존재하는 정신만으로 구성되어 있다고 인식함으로써 인간이 육체와 감성의 존재 의미를 상실케 하였고, 인간을 사회와 자연으로부터 격리하여 인간이 사회와 자연 속에서 이웃 사람과 다른 생명들과 협동하며 살아가는 방법을 망각케 하였다.

그리고 서구의 합리주의, 실증주의, 산업주의는 직관적 지혜보다는 분석적 지식에, 통일보다는 분리에, 조화보다는 대립에, 협동보다는 경쟁에 더 치중해 왔었다. 이러한 편향된 지향과 시각이 문화의 전반적인 불균형, 즉 인간과 자연, 사고와 감정, 존재와 가치의 불균형을 유발함으로써 산업문명은 사회적, 정치적, 생태적 분열과 갈등으로 야기되는 위기 상황에 처하게 되었다. 과학적 방법과 분석적 합리성만을 강조하는 기계론적 이데올로기는 오늘날의 산업 사회 전반에 깊숙이 뿌리박고 있다.

산업문명을 옹호하는 지배적 이데올로기는 다음과 같은 유형으로 나타나고 있다.

첫째, 과학만이 진리에 이르는 유일한 길이라는 신념이다.
현대는 과학 시대라고 불리운다. 이 시대는 합리적 사상이 지배적이며 분석과 실증에 기반을 둔 과학적 방법만이 참된 지식의 유일한 길이라는 신념이 보편화해 있다. 직관적 철학, 윤리적 성찰, 종교적 명상 등과 같은 정신 활동은 신비주의로 배척되어 그 정당성을 인정받지 못하고 있다. 과학 지상주의라고 불리울 만한 신념과 태도가 단지 학문과 교육뿐만 아니라 사회·경제·정치적 모든 제도에 깊숙이 침투해 있다.

둘째, 실재實在를 이원론적으로 분리해서 보는 존재론이다.
"나는 생각한다, 고로 나는 존재한다 $^{Cogito\ ergo\ sum}$"고 한 저 유명한 데카르트의 말은 근대 합리주의의 상징적 명제일 것이다. 이 명제는 인간을 정신과 육체로 분리된 것으로 보며, 그 존재의 확실성은 육체가 아니라 정신에 있다는 사상을 담고 있다. 물론 이원론적 존재론은 데카르트 이전부터 서구에 뿌리 깊은 철학 사조였으나 데카르트 이후 인간과 자연, 정신과 물질, 이성과 감성, 개인과 사회 등 모든 존재의 영역에 적용되면서 산업 사회의 지배적인 철학으로 신봉되어 왔다.

셋째, 물질과 우주를 기계 모형으로 보는 고전 역학이다.
근대 과학의 기계론적 모형은 물질을 더이상 나눌 수 없는 기본 구성체로 환원하고 우주를 정확한 수학적 법칙에 따라 작동하고 있는 하나의 커다란 기계로 파악한 뉴턴의 물리학에서 비롯되었다. 우주란 절대 공간, 절대 시간이라는 3차원의 무대에서 외부와 단절되어 고립된 물질들이 동시적으로 작용하는 중력에 의해 운동하는 세계라고 보는 것이다. 그리하여 모든 물리 현상은 중력에 의한 물질의 운동으로 환원될 수 있고, 이 운동을 지배하는 것은 정밀한 수학 방정식으로 기술될 수 있는 결정론적인 인과법칙인 것이다. 이러한 뉴턴의 기계론적 역학은 자연과학은 물론 인간과 사회에 대한 학문인 사회과학을 기계론적 틀로 정립시키는데 이론적 근거를 마련해 주었다. 그러나 20세기에 들어와서 절대 공간, 절대 시간, 물질적 입자, 인과법칙과 같은 뉴턴의 고전 물리학의 기본 개념들이 깨지면서 기계적 세계관은 기초에서부터 동요하기 시작하였다. 아인슈타인Einstein은 상대성 이론에서 공간과 시간이 절대적인 것이 아니라 관찰자의 위치와 속도에 따라 상대적인 것이며, 물질도 외부로부터 독립된 입자가 아니라 에너지의 다른 형태일 뿐이라고 밝히고 있다. 그리고 양자론도 물질의 미시적 세계에 있어서 양자적 입자들이 독립적으로 존재하는 실재가 아니라 부단히 생성·소멸하는 에너지의 일시적 형태, 즉 에너지장場의 변화 과정이며 그 변화 현상은 관찰자의 선택에 따라 다른 모습으로 나타날 수 있음을 밝혀내고 있다.

넷째, 생명 현상을 유기적으로 보지 않는 요소론적 생물관이다.

생물의 기본 구성 요소가 세포라는 것을 발견한 이래 생물학은 신체구조, 유전, 생식, 진화와 같은 생명 현상을 기계론적으로 이해하는 계기를 마련하였고, 현대 분자 생물학은 디엔에이(DNA)의 신비, 즉 염색체 안에 있는 유전자의 분자 구조를 밝혀내기에 이르렀다. 생물을 기계로 간주하고 탐구함으로써 얻은 성공으로 말미암아 생명 과학자들은 기계적 모형 이외에 아무것도 믿으려 하지 않는 경향이 없지 않다. 그러나 현대 분자 생물학은 생물체가 어떻게 숨을 쉬며 체온을 조절하고, 소화하고, 지각하는지를 규명하지 못하고 하나의 세포인 태아가 어떻게 조직과 기관으로 분화되면서 성장해 가는지, 그리고 생물체가 상처를 입으면 왜 통증을 느끼고, 또 어떻게 스스로 치유할 수 있는지를 해명하지 못하고 있다. 오늘날 생명 과학이 풀지 못하는 많은 문제는 전체로서의 생물체가 가진 통합적 기능과 환경과의 상호 작용을 무시하고 전일적인 생명체를 환원할 수 있는 요소로만 분석하는 비유기적이고 단편적인 접근 때문에 기인하는 것이라 하겠다.

다섯째, 인간 정신을 기계 모형으로 보는 영혼 없는 행동 과학과 육체 없는 정신 분석이다.

오늘날 인간 심리에 대한 대표적인 이론은 행동주의 심리학과 정신 분석학이다. 양자는 그 방법과 관점에 있어서 현저하게 다르나 인간의 의식을 기계론의 시각으로 보는 점에서는 같은 논리적 기반 위에 서 있다. 행동주의 심리학에서는 심리 현상이 행동의 형태로 환원될 수 있고, 행동의 형태는 기계론적 메커니즘에 지배된다고 주장한다. 그리하여 인간의 심리나 행동을 외부의 자극에 반응하는 복잡한 기계적 구조로 이해하고 있다. 인간 행동은 자극에 대한 반응으로서 욕구 충족을 통해 강화되고, 미리 계획된 조건에 의해 조정되고 통제될 수 있다고 본다. 인간을 외적 조건에 의해 조작할 수 있다고 간주하는 행동주의 심리학은 주체로서 행동하는 인간상을 거부하고 인간 행동을 과학적 방법으로 조건화함으로써 통제할 수 있다고 생각하고 있다.

무의식의 존재는 물론 인간 의식 자체까지 인정치 않는 행동주의와는 달리 정신 분석학은 육체와 분리된 인간 정신을 탐구한다. 정신 분석학의 창시자인 프로이트^{Freud}는 각성한 의식이 빙산의 일각, 즉 본능의 힘에 지배되는 감추어진 거대한 무의식의 얇은 층에 불과하다고 한다. 무의식이란 망각되었거나 억압되어 아직 의식적인 각성에 도달하지 않은 심리적 힘, 또는 본능적인 성의 욕구를 의미한다. 본능적 욕구의 깊숙한 근원에는 '이드^{ID}'라는 실체가 있어 이것이 본능의 충동적인 힘을 억제하는 초자아^{超自我}와 충돌함으로써 모든 정신 병리 현상이 일어난다고 보고 있다. 각성된 의식, 즉 자아는 충돌하는 두 힘이 대립·갈등하는 심리 공간일 뿐이다. 정신 분석학은 인간 정신 세계도 수량적이고 직선적인 인과법칙이 지배하고 있기 때문에 정신 병리는 분석될 수 있고, 과학적으로 치료될 수 있다고 보고 있다. 결국 정신 분석학은 인간 의식을 기계적 모형으로 보는 일종의 정신 물리학인 것이다.

여섯째, 직선적인 성장만을 추구하는 경제 이론이다.
오늘날 많은 경제학 이론들은 경제 현상이 인간과 인간, 인간과 자연 간의 물질·에너지·정보의 순환적 대사라는 경제의 사회적, 생태적 연관 관계를 간과하고, 경제가 생태적 환경과 인간 사회가 변함에 따라 변화하는 역동적 과정임을 무시하며 경제를 포함한 사회 진화가 인간의 가치관에 의해 추진된다는 사실을 부인하면서 이론의 단편적 전문화와 수량적 추상화만을 추구하고 있다. 그리하여 경제학은 경제의 구체적 현실로부터 점점 괴리된 채 심각한 개념상의 혼란에 빠져 있다. 가치 문제와 깊은 연관을 가진 경제학이 경제의 생태적, 사회적, 심리적 의미와 관계되는 가치의 질적인 문제를 오히려 도외시하고 가치를 화폐의 양으로만 환원하여 경제를 기계적 모형으로 탐구하고 있다.

자본주의이건 사회주의이건 오늘날의 경제 이론은 직선적인 성장에 대한 강박 관념을 갖고 있다. 성장에 대한 강한 집념은 결과적으로 자본주의와 공산주의를 서로 유사하게 만들어 놓았다. 한정된 환경 속에서 무한정한 성장만을 추구한다면 온 생태계와 인류는 머지않아 재난을 초래할 것이 틀림없다. 그런데도 양자 모두가 경제 성장과 기술 진보만을 추구함으로써 중앙 집권화된 기술 관료들에 의한 통제와 지배를 강화하고 경제적 갈등을 격화시키면서 사회 균형을 파괴하며 환경을 훼손시키면서 자원을 고갈시키고 있다.

일곱째. 자연을 지배와 정복의 대상으로 보는 반생태적 자연관이다.
근대 이래 과학의 목표는 자연을 지배하고 통제하는 지식의 획득에 있었다. 일찍이 베이컨^{Bacon}은 과학의 실험적 방법이란 '자연의 방종함을 견제'하고 자연을 인간에게 '봉사하는 노예'로 묶어 두기 위해서 그 비밀을 고문해 알아내는 일이라고 잔인한 표현을 쓴 일이 있다. 분석과 실증에 기초하는 과학은 자연을 기계적 모형으로 인식함으로써 자연에 대한 정복, 지배, 착취를 합리화하고 승인하는 과학적 근거를 제공한 셈이다. 결국 과학은 생명을 양육하는 모성으로서의 자연을 노예로 삼고 말았다.

자본주의는 과학과 기술을 활용해서 '생산'이란 이름으로 자연으로부터 엄청난 부를 수탈해 왔으나 자연의 가치를 인정치 않고 자연 질서 이외의 그 무엇을 생산하는 것, 즉 자연을 변형시키는 노동, 기술, 기계, 자본만이 가치인 것으로 착각하고 있다. 소외된 노동으로부터 인간 해방을 주창한 젊은 마르크스[Marx]는 "인간은 자연의 일부이며 노동자는 자연, 즉 감각적 외부 세계 없이는 아무것도 창조할 수 없다"라고 말하면서 자연에 대한 생태론적인 견해를 피력한 바 있다. 그러나 그의 사상을 계승했다고 하는 공산주의는 자연에 대한 지배와 착취를 생산력이라 오인함으로써 자연에 대해 반생태적 태도를 취하고 있다. 북한의 소위 주체사상도 자연을 개조하고 투쟁해야 할 대상으로 규정하고 인간을 자연 지배의 '유력한 존재'로 보고 있는 것이다.

산업문명을 지배하고 있는 기계론적 이데올로기들은 개방적이고 진화되어 가는 인간의 세계를 폐쇄적이고 고립된 거대한 기계 체계로 전락시켜 놓음으로써 반인간적, 반사회적, 반생태적 성격을 갖게 되었다. 물론 오늘날 과학에서도 낡은 기계론적 모형에서 벗어나 인간과 자연과 우주를 새로운 시각으로 보려는 기운이 싹트고 있다고 하나 여전히 기계론적 이데올로기가 산업사회의 지배적 원리로서 자리 잡고 있다. 그러나 기계의 원리와 질서를 가지고 생명인 인간과 자연을 억압하고 지배하는 산업문명은 비록 합리성과 능률성을 표방하고 성장을 추구하면서 더욱더 거대화, 전문화, 중앙집권화되어 가고 있지만 한정된 채 재생 불가능한 에너지인 화석연료 없이는 작동될 수 없는 폐쇄적이고 고립된 기계 장치에 불과하다. 그러나 기계는 엔트로피Entropy 법칙에 지배되는 죽음의 세계이다. 일찍이 지구를 지배했다가 환경의 진화에 능동적으로 대응하지 못하고 멸종해 버린 공룡의 운명과 같은 것을 오늘의 산업문명의 위기에서 예감하게 된다. 결국 기계문명은 생명의 부정이며 인간을 죽음에 이르게 하는 병이며, 그것은 곧 전 인류의 죽임이다.

전일적 생명의 창조적 진화

I

환경과 단절되어 고립된 체계는 엔트로피, 즉 폐기된 에너지를 생산하고 축적하여 마침내는 열의 죽음에 이르게 되며, 그 구조는 질서에서 무질서로 향하게 된다는 우울한 진실이 열역학热力學에 의해 밝혀지고 있다. 오늘의 산업문명은 환경, 즉 생태계로부터 단절되어 고립된 기계와 흡사한 세계이다. 이 안에서 생존하는 인간도 사회적·생태적 환경에서 단절되어 고립된 존재같이 보인다. 그런데 열역학은 '고립된 체계들은 반드시 죽음에 이른다'고 선언하고 있다. 엔트로피 법칙에 지배되는 산업문명은 파멸할 수밖에 없다고 하는 그 슬픈 운명이 기계적 모형 안에 이미 배태되어 있었고, 기계문명의 붕괴는 이미 예고되어 있었다. 그러나 붕괴하고 파멸하는 것은 기계문명의 낡은 틀일 뿐이지 인류 그 자신은 아니다. 왜냐하면 인간은 창조적으로 진화하는 생명이기 때문이다.

과학에 새로운 기운이 움트고 있다. 뉴턴 이래 모든 과학은 사물을 가장 단순한 단위로 분할하고 환원시켜 해명하려고 애써 왔으나 분할의 과학은 산업문명의 낙조가 깃든 오늘날 한계에 부딪혀 있다. 우리가 일상에서 경험하는 자연 현상은 하나의 원자나 분자가 아니라 다수의 분자 덩어리로 이루어진 복잡한 현상이다. 분자와 분자, 분자와 환경 사이에 여러 모양의 상호 작용이 일어나기 때문에 이 덩어리는 혼란스럽게 보인다. 이와 같은 복합 현상은 단순한 단위와 요소로 환원하여 해명할 수 없다. 구름의 변화를 물의 분자로 해명할 수 없고, 건물을 벽돌의 집합으로 설명할 수 없다. 그래서 분할된 것을 다시 통합하여 자연의 전체적인 본래의 모습을 보려고 노력하는 과학의 새로운 경향이 나타나고 있다. 새로운 과학이 엔트로피 법칙에 대해 놀라운 재해석을 하게 되었고, 진화에 대한 새로운 모형을 우리 앞에 제시하고 있다.

새로운 과학의 견해에 따르면 환경과 더불어 물질·에너지·정보를 주고받는 개방된 체계는 환경으로부터 에너지를 받아들이고, 내부에서 생산된 엔트로피를 환경에 배출한다. 개방된 체계에 있어서 환경으로부터 받아들이는 에너지 양과 환경으로 배출하는 엔트로피 양이 평형을 이루면 그 구조는 평형 상태에 놓이게 되고, 반대로 양지 사이에 평형이 깨질 때는 비평형 상태에 놓이게 된다. 평형 상태는 그 구조가 안정되어 있지만, 비평형 상태에 있는 체계는 불안정하여 끊임없이 동요하게 된다. 그 동요가 격화되어서 어떤 분기점에 도달하게 되면 지금까지의 낡은 구조를 스스로 무너뜨리고 새로운 질서를 조직하게 된다는 것이다. 비평형 상태에 있어서 작은 동요는 오히려 증폭되고 격화됨으로써 낡은 구조를 해체하고 새 질서로 진화해 가는 것이라 한다.

열역학은 고전 역학과는 달리 시간에 관심을 두게 되었다. 엔트로피 법칙은 이 우주에는 피할 수 없는 에너지의 손실이 있다는 것, 즉 한 체계에서 에너지 총량은 일정하지만, 쓸모 있는 에너지 양은 열 손실로 점차 감소한다는 것을 알게 되었다. 만일 이 우주가 열의 죽음으로 인해 운동을 멈추는 것이라면 한순간이라도 바로 그 전의 순간과는 더는 같을 수가 없다. 열역학의 세계에서는 언제나 일정하게 흐른다는 절대 시간의 개념이 성립될 수 없다. 그 누구도 엔트로피를 보충하기 위해 시간의 방향을 거꾸로 돌릴 수 없으므로 시간의 화살은 비가역적非可逆的인 것이다. 우주는 에너지가 새어 나옴으로써 그 구조의 안정성을 유지할 수 없게 되고 질서에서 무질서로 무너져 버리고 만다. 결국 우주는 늙어가면서 죽을 수밖에 없다. 이처럼 엔트로피 법칙은 우주와 인간에게 비관적인 장래를 예언하고 있다.

그러나 진화의 시각에서 보면 우주와 세계는 달리 보인다. 우주는 에너지를 잃어감에 따라 질서 있는 상태에서 무질서한 상태로 늙어가는 것이 아니라 오히려 늙어감에 따라 보다 성숙하게 자기를 조직하고 시간의 흐름에 따라 더 높은 수준의 질서를 향해 진화해 가는 것이라고 한다. 엔트로피의 증대는 닫힌 체계에서 시간이 비가역적으로 흐른다는 것을 의미한다. 그러나 닫힌 체계란 우주 진화에서는 극히 드문 일시적인 현상이며 오히려 비가역적인 시간, 즉 엔트로피야말로 질서의 근원이 되는 것이라 한다. 개방된 체계는 무질서하게 요동치는 과정을 통해서 오히려 고차원의 질서로 자기를 조직해 나아간다고 할 수 있다. 그렇다면 엔트로피는 죽음을 향해 가는 내리막길이 아니라 오히려 자기 한계를 초월하여 높은 질서로 향해 가는 진화의 밑바탕이 되는 것이다.

진화의 모형으로 보면 평형은 정태적 구조에서 안정된 상태를 의미하지 않고, 오히려 정체(停滯)와 죽음을 의미한다. 환경으로부터 고립된 기계적인 체계가 비가역적인 시간의 흐름에 따라 이르게 되는 최대의 엔트로피는 완전한 평형과 정지로서 영원한 죽음을 의미하는 것이다. 살아 있는 생명은 자기의 외부에 있는 환경과 에너지를 주고받는 과정 가운데 일시적으로 안정된 상태에 머무를 수도 있으나 근본적으로 볼 때 정태적 구조에 갇힌 존재가 아니다. 살아 있는 생명은 끊임없는 동요와 진동 속에서 변화를 억제함으로써 기존의 구조를 유지할 때도 있지만 오히려 변화를 촉진하고 증폭함으로써 낡은 구조를 버리고 새 질서로 진화하는 자기 초월을 수행하는 것이다. 진화의 과정에서 보면 모든 생명은 그 환경으로부터 고립된 존재가 아니고 우주적 관계의 그물 속에서 상호 작용을 하면서 연결된 것이고, 자신 안에 우주적 생명을 지닌 하나의 통합된 전체라 할 수 있다. 생동하는 우주의 진정한 모습은 모든 생명을 하나의 생명으로 아우르면서 진화하는 큰 생명의 무궁한 펼쳐짐이라 하겠다. 따라서 모든 생명은 환경과 협동하여 공진화共進化하면서 우주의 궁극적 생명으로 합일되어 나아가는 것이다.

오늘날 인간과 자연은 기계적인 질서 속에서 서로 단절되고 고립되어 있으며 그들의 참모습, 즉 생명의 모습으로부터 소외되고 있고, 그 본성을 억압받고 있다. 그리하여 오늘날 생명에 대한 공동체적·생태적·우주적 각성이 더욱 요청되고 있다. 생명에 대한 새로운 각성만이 인류를 새로운 지평으로 인도할 것이다. 이제 우리는 새로운 문명을 바라보면서 생명의 의미를 새로운 빛으로 조명해 볼 필요가 있다.

첫째, 생명은 '자라는 것'이고, 기계는 '만들어지는 것'이다.
생명이란 스스로 자라는 생성生成 그 자체이며 자라는 과정에서 자기의 구조와 질서를 스스로 조직하는 힘을 가지고 있다. 반면에 기계는 그 누군가에 의해 제작되는 것이고, 그 운동은 이미 정해진 구조와 질서에 의해 결정되는 것이다. 서구의 오랜 전통 철학은 모든 것을 존재로 보고 존재의 정태적 구조를 중심으로 사고를 해왔다. 즉 변화 가운데 변하지 않는 '그 무엇'을 궁극적 실재라고 생각해 왔다.

만들어진 기계는 어떤 의미에서 존재라 할 수 있으나 생명은 진화라는 시각에서 보면 존재라기보다는 생성하는 과정 그 자체이다.

둘째, 생명은 부분의 유기적 '전체'이고, 기계는 부품의 획일적 '집합'이다.
모든 생명은 그 자신보다 큰 전체에 대해서 하나의 부분이면서 동시에 많은 부분을 통합하고 있는 전체라는 의미로서 전일적 아조직체全日的 亞組織體이다. 전체이면서 부분인 생명은 서로 작용하면서 순환적 구조를 가진 성층 질서成層秩序의 그물에 연결되어 있다. 때문에 모든 생명은 전체로서의 독립성과 부분으로서의 종속성을 동시에 갖고 있다. 전체로서의 생명은 부분으로 결코 분할될 수 없고, 오히려 부분으로서의 생명이 전체로 통합되는 것이다. 또 부분이 전체에 통합될 때 부분은 자기의 개성을 주장하려는 경향과 전체에 통합되려는 경향을 동시에 갖고 있다. 그리고 이 경향은 상반된 것인 동시에 상보적인 것으로서 균형을 유지하며, 이 균형은 정태적인 것이 아니라 역동적인 것이다. 그리하여 전체적 통합과 개성적 주장 사이의 역동적 균형이 전일적인 생명에게 유연성을 부여하는 것이다.

셋째, 생명은 '유연한' 질서이고, 기계는 '경직된' 통제이다.
생명은 내적인 융통성과 유연성을 가지고 있다. 생명은 통합된 전체로서는 하나의 같은 모습을 가지고 있지만 부분들의 모양은 어느 정도 변화가 있고 다양성을 지니고 있다. 때문에 두 개의 생명체가 똑같은 부분을 갖고 있지 않다. 생명은 전체로서는 일정한 질서와 규칙을 가지고 있으나 부분들의 활동은 분방하고 불규칙적이다. 또한 생명은 전체로서 질서와 규칙을 강조하지만 이를 분방하고 개성적인 부분들에 강요하지 않고, 부분들의 무질서와 다양성을 너그럽게 조정하는 유연성을 지니고 있다. 그리하여 생명은 진화하는 환경에 동참하여 스스로 진화할 수 있게 되는 것이다. 한편 기계는 엄밀한 설계에 따라 일정한 부품들로 조립되어 만들어져 있다. 그래서 엄밀히 설계된 전체 구조가 부품들의 운동을 엄격히 통제하고 그 부품들의 모양도 획일적인 것이다.

넷째, 생명은 '자율적'으로 진화하고, 기계는 '타율적'으로 운동한다.
생명은 자기를 스스로 조직화하는 체계이다. 생명 활동은 외부 환경에 의해서 전적으로 결정되지 않고, 자신의 내부에서 자율적으로 이루어지며 동시에 환경과 상호 작용하면서 영향을 주고받는다. 그리하여 생명은 자기를 자율적으로 조직하는 한 자유롭지만 반면에 환경과 상호 작용을 하는 것인 한 결정론적이라 할 수 있다. 생명이 격심한 동요로 진화의 분기점에 이르렀을 때 그 진화의 방향이 혼돈 속으로 와해할지 아니면 새로운 질서로 진화해 나아갈지 예측할 수가 없다. 그리하여 생명의 진화에는 돌연변이와 같은 우연이 개입할 소지가 있다. 그러나 진화의 방향을 결정하는 것은 생명 자신의 선택이며, 일단 한 방향을 선택하면 다음 분기점에 이르기까지는 필연이 개입하게 되는 것이다. 이처럼 자유와 필연은 생명의 진화 과정 속에서 대립적인 것이 아니라 상보적인 것으로 통일되어 있다. 그러나 기계 운동은 외부의 힘에 의해 필연적으로 결정되는 것이고 따라서 기계는 타율적인 것이라 하겠다.

다섯째, 생명은 '개방'된 체계이고, 기계는 '폐쇄'된 체계이다.
모든 생명은 자기 밖에 있는 환경과 물질·에너지·정보를 주고받는 신진대사를 통하여 자신을 구성하는 부분 중에 낡은 것은 밖으로 내보내고 새로운 것을 받아들인다. 생명은 이러한 자기 갱신自己更新을 통하여 전체적인 자기 구조와 질서를 유지하게 되며, 부분들의 손상 때문에 전체로서의 자기가 파괴되지 않도록 자기를 보호하면서 동시에 손상된 부분들을 스스로 치유한다. 생명은 낡은 부분들을 새것으로 바꾸는 부분적인 자기 갱신의 수준에 머물러 있는 것만은 아니다. 자기 한계를 넘어 새로운 자신을 창조하기 위하여 또다시 자신을 전체적으로 갱신하는 창조적 모험을 감행한다. 그리고 생명은 창조적 진화를 단독으로 수행하는 것이 아니라 자기보다 거시적인 생명인 환경과 협력해서 공동으로 수행한다. 그러므로 생명의 진화는 생명체가 자연 선택에 따라 환경에 적응하는 것만으로 보는 다윈^{Darwin}류의 진화가 아니라 미시적 생명이 거시적 환경과 공진화하면서 자기를 초월하고 동시에 자기를 조직화하는 창조적 활동이다. 반면에 기계는 외부와 단절되어 고립된 체계이다. 작동을 계속하기 위해서 한번 에너지를 공급받으면 외부와 관계를 맺을 필요가 없다. 그러나 에너지가 일단 고갈되면 작동이 정지되며 정지된 기계는 외부에서 에너지의 새로운 공급이 없는 한 스스로 작동을 시작할 수 없다.

여섯째, 생명은 순환적인 '되먹임고리^{Feedback}'에 따라 활동하고, 기계는 직선적인 '인과 연쇄'에 따라 작동한다.
생명 활동은 신진대사이거나 진화이거나를 막론하고 끊임없는 순환 과정을 통하여 진행된다. 순환 과정은 출력된 에너지를 입력으로 다시 먹이는 되먹임의 고리이다. 이러한 순환에서 생명은 그 내부가 동요하게 됨으로써 비평형 상태를 경험하게 된다. 사실 비평형이야말로 생명이 '일하게' 만드는 원동력이 되는 것이며, 자기 보존과 자기 갱신을 위해 부지런히 환경과 신진대사를 하게 만드는 동시에 낡은 자기 한계를 넘어서서 새로운 질서로 진입하게 하고 있다. 생명은 자기 내부에서 일어나는 변동이 일정 수준을 넘어 자신의 평형을 지나치게 불안하게 만들면 마치 자동 제어 장치같이 변동을 억제함으로써 다시 평형을 회복한다. 그리하여 생명은 소극적인 '되먹임고리'를 통하여 체온 조절, 혈액 순환 등과 같은 대사 활동을 하는 것이다. 한편 생명은 적극적인 '되먹임고리'를 통해 변동과 요동이 증폭되면 전체 평형이 붕괴할지도 모르는 위기에 봉착하게 된다. 이때 생명은 낡은 질서를 해체하고 전혀 새로운 질서를 형성하게 되는데 결국 생명은 위기를 창조적인 진화로 전환하는 것이다. 생명의 진화는 변동을 억제하는 소극적인 되먹임고리를 통해서 이루어지는 것이 아니라 오히려 변동을 증폭하는 적극적인 되먹임고리를 통하여 이루어진다. 적극적인 되먹임은 적은 입력으로 진화라는 엄청난 효과를 가져오는 과정이다. 이와는 다르게 기계는 원인과 결과의 직선적인 연쇄에 따라 에너지가 소진될 때까지만 작동하는 것이다.

일곱째, 생명은 '정신'이다.

진화의 관점에서 볼 때 생명의 본질은 정신이라 할 수 있다. 정신은 생명을 기계와 구분할 수 있는 기준이 된다. 생명과 정신은 둘 다 그 환경과 상호 작용하면서 자기를 조직하는 역동성을 지닌다. 창조적인 것은 정신의 본성이다. 물질도 정신의 반대가 아니라 우주적 한 과정의 또 다른 면을 드러내는 것이다. 정신은 인간과 생물체에만 있는 것이 아니다. 정신은 우주의 모든 실재에 내재하는 생명의 근원적 활동이다. 모든 생명체가 신진대사를 통하여 자기를 조직하듯이 화학 반응에 있어서 분자들도 스스로 자기를 조직한다. 아원자 입자에서 은하계에 이르는 물질의 세계, 원시세포에서 인간에 이르는 생물의 세계, 생식과 대사 작용에서 자기의식에 이르는 인간 정신의 세계는 모두가 '우주 정신의 자기 조직화', 즉 우주 진화의 역동적 표현이다. 인간은 외부의 실재를 자기 안에 반영하는 반사 정신反射精神을 창조함으로써 환경의 영향을 받을 뿐만 아니라 환경을 변형할 수 있게 되었다. 그리고 인간은 자기 밖에 있는 것들을 감각하고 경험하며 생각하는 반사 정신으로써 자신을 의식하는 단계에 도달하게 되었다. 그리하여 인간은 자기 밖에 있는 환경을 의식하고 지각하며 경험할 뿐 아니라 자기 자신을 자각하게 되면서 문화를 창조하게 되었다.

과학의 견해에 따르면 인간의 생물학적 진화는 약 5만 년 전에 거의 완성되었고, 그 뒤에는 사회 문화적 진화를 해 왔다고 한다. 이미 인간은 의식, 사고, 언어의 능력을 사용함으로써 생물학적 진화에서 정신의 진화로 나아가게 된 것이다.

자기를 초월하는 인간 정신은 자기보다 큰 생명인 공동체와 생태계의 질서에 참여하고 지구의 정신에 통합되며 종국에 가서는 거룩한 우주의 마음과 합일하게 된다. 이처럼 생명은 단순히 환경에 적응하여 살아남는 그 이상의 것으로 자기 한계를 초극하여 진화함으로써 창조의 기쁨을 느끼는 거룩함이다. 거룩함은 우주를 포함한 모든 생명에 담겨 있고 바로 이 거룩한 생명이 바로 한울님이다. 한울님은 결코 초월자나 절대자가 아니다. 오히려 자기 실현을 위해 온갖 위험을 무릅쓰고 끊임없이 창조적으로 진화하는 생명 그 자체이다. 인간 정신은 자기 안에 거룩한 우주의 마음을 지니고 있다.

인간 안에 모셔진 우주 생명

I

동양 전통 사상의 직관적 지혜는 우주의 궁극적 실재를 창조하고 계시하는 초월적인 신(神)으로 보지 않고, 나타났다 사라지는 활동 속에서 자신을 다양한 모습으로 변화시키는 보편적 일자(普遍的 一者), 즉 우주의 생명으로 파악하고 있었다.

힌두교의 최고신을 지칭하는 브라만이라는 말은 생명, 운동, 성장, 진행을 의미하는 것이라 한다. 브라만은 때로는 생성과 소멸의 춤을 추는 시바 신의 모습으로 나타나기도 한다. 힌두교는 우주를 유기적으로 성장하며 율동적으로 움직이는 것이라고 보고, 고립된 형태로 고정된 것들은 모두 마야(摩耶), 즉 환상에 지나지 않는 것이라 한다. 그러므로 인간 자신을 포함한 모든 것이 브라만이라는 것을 체험할 때 인간은 비로소 마야의 구속에서 해방될 수 있다고 가르친다.

역동적인 세계관은 바로 불교의 근본 사상이기도 하다.

불교는 세계의 모든 실상이 무상하다는 깨달음에서 출발한다.

모든 것은 생겼다가 사라지며諸行無常, 유전하고 변화하는 것이 우주와 생명의 근원적인 모습이라는 것이다. 인간의 번뇌는 움직이고 변하는 세계를 그대로 받아들이지 않고 고정된 현상과 관념에 집착하는 데에서 생겨난다고 가르친다.

중국의 역 사상易思想과 노장 사상老莊思想도 모든 실재를 유동하고 변화하는 과정으로 보았고, 그 궁극의 원리를 '길道'이라고 표현했다. 심리적인 것이든 사회적인 것이든 자연적인 것이든 모든 현상은 역동적인 우주 과정에 참여하고 있는 것이라 한다. 도道의 참모습은 대립하면서도 상보적인 관계에 있는 음陰과 양陽의 순환적 활동의 주기성에서 찾아볼 수 있다. 음과 양은 우주의 궁극적인 생명인 태극太極의 양극이다. 그리고 모든 변화는 음과 양의 순환적 파동으로서 끊임없이 점진적으로 진행된다. 이러한 변화는 어떤 외적인 힘으로 일어나는 것이 아니라 모든 사물에 두루 내재한 자연적 경향이고, 음과 양의 균형이 바로 사물의 질서라는 것이다.

우리 민족은 우주의 근원적 생명을 '한'이란 말로 표현해 왔다. '한'은 상반되는 의미를 동시에 내포하고 있다. '한'은 '전체로서의 하나'이면서 동시에 '개체로서의 하나'이다. 그리고 '한'은 밖으로 퍼져 나가는 '원심적 확산'과 가운데로 모이는 '구심적 수렴'을 동시에 뜻하기도 한다. '한'은 많은 개체를 하나의 전체에 통합하면서 확산과 수렴의 순환적 활동을 수행하는 한울을 말하는 것이라고 할 수 있다.

'한' 사상은 고조선 시대 이래 우리 민족의 전통 사상으로 면면이 그 맥락을 이어 왔다. 최치원이 전하는 풍류도風流道가 바로 '한'의 사상이다. 풍류도는 유儒, 불佛, 선仙을 모두 포함하면서 그 이상의 무엇을 지니고 있다. 그것이 바로 '한' 사상이다. 풍류도는 진화하는 우주 생명의 전일성全一性, 즉 '한'에 이르는 지극히 그윽한 길玄妙之道이다. 현묘지도는 우주의 궁극적 실재인 생명에 합일되어 가는 도정道程이다. 우주 생명인 '한'에서 하늘과 땅과 사람이 생겨나고一折三極, 하늘과 땅과 사람이 각각 생명을 지니면서 하나의 우주 생명에 합일되어 가는 것이다大三合. 따라서 '한'은 없는 곳이 없고, 포용하지 않는 것이 없다는 것이다無不在無不容.

'한' 사상은 서세가 동점하는 근세에 와서 우리 민족이 봉건적 질곡과 외세의 억압에 신음하고 있을 때 인내천人乃天 사상으로 그 위대한 모습을 다시 나타냈다. 동학의 한울님 사상은 수운水雲 최제우崔濟愚와 해월海月 최시형崔時亨의 깨달음에서 비롯된 것만은 아니다. 우리 민족의 마음에 수천 년간 형성되어 맥락을 이어온 한울님의 상像이 민족의 암울한 전환기에 성誠과 경敬과 신信으로써 모셔져야 하는 한울님으로 다시 현현하게 되었다. 한울님은 '한', '길道', '태극太極', '기氣'라는 이름으로 불리기도 했다. 그러나 우리 민족은 한울님을 관념화하지 않았다. 우리 민족의 마음에 있는 한울님은 삼라만상 속에 충만하고 인간과 더불어 있는 지극히 가까우면서도 그윽하고 아득한 우주의 궁극적인 실재이다. 한울님은 이해의 대상이 아니라 그 안에 동참하면서 나누어 받아 체험할 수밖에 없는 한 생명인 것이다. 동학은 이러한 한울님 사상을 계승하고 발전시켰다. 동학사상은 하늘과 사람과 물건이 다 같이 '한생명'이라는 우주적인 자각에서 시작해서 우주의 생명을 모시고(侍天) 키워 살림으로써(養天) 모든 생명을 생명답게 하는 체천(體天)의 도를 설파하였다.

오늘날 인류는 진화냐 파멸이냐 하는 분기점에 서 있다. 진화는 인간에게 선택의 자유를 허락하고 있다. 문명의 전환기는 인간에게 새로운 각성과 결단으로써 잃어버린 생명과 정신을 되찾을 것을 요구하고 있다. 이제야말로 우리는 기존의 세계관과 가치관에서 벗어나 우리의 행동을 의식적으로 변화시켜야 할 때이다. 그러기 위해서 우리는 인류의 진화 과정에 축적된 문화유산에서 우리의 진로를 현명하게 결정할 지혜를 찾아내 활용해야 하겠다. 특히 동학사상은 이러한 상황에 처한 우리에게 지혜와 희망을 줄 것이다.

첫째, 사람은 물건과 더불어 다 같이 공경해야 할 한울이다.
동학사상은 한울님을 인간과 자연을 초월해서 수재(主宰)하는 신으로 보지 않았다. 한울님은 사람과 생물 심지어 무기물에까지 내재해 있고, 이들을 하나의 생명으로 통합하면서 자기 자신을 실현해 가는 우주의 큰 생명이라고 한다. 사람과 물건들 속에 있는 생명은 곧 한울님이며 거룩함을 지니고 있다. 그래서 사람은 한울님을 공경해야 한다. 또한 사람은 한울님을 공경함으로써 다른 사람과 물건들이 자기와 같은 생명으로서 한 동포라는 것을 깨닫게 되는 것이다. 동학은 '사람'과 '자연'이 모두 공경해야 할 '한울생명'에 합일된 하나의 생명이기 때문에 한울님같이 공경해야 한다고 가르치고 있다.

해월은 일찍이 인간이 자연에 대해 공경심을 가짐으로써 자연과 생태적 균형을 이룰 수 있을 뿐만 아니라 우주의 진화에 참여할 수 있다고 가르치고 있다. 그리하여 해월은 "초목의 싹을 꺾지 아니한 뒤에라야 산림이 무성하고, 손수 꽃가지를 꺾으면 그 열매를 따지 못할 것이며, 폐물을 버리면 부자가 될 수 없다"고 말하면서 생태적 각성을 촉구하고 있다.

둘째, 사람은 자기 안에 한울을 모시고 있다.
수운은 사람은 누구나 자기 안에 거룩한 한울님을 모시고 있다고 하였다. 그리하여 인간은 모두 한울님이 되는 것이다. 수운은 한울님을 개념적으로 설명하지 않았다. 수운은 한울님을 말로 설명하지 않음으로써 오히려 한울님의 참모습을 드러내 보였다고 할 수 있다. 왜냐하면, 한울님은 개념화될 수도 없고 정의될 수 없는 아득한 우주 생명의 활동이기 때문이다. 그리하여 사람은 한울님을 아는 것이 아니라 모시고 있다고 하였다. 사람은 우주의 거룩한 생명을 자기 안에 모심으로써 우주적 삶을 살게 되고, 우주의 마음에 합일하게 된다는 것이다. 한울님을 모시는 일은 "안으로 신령함을 지니고^{內有神靈} 밖으로 기운화함이 있으며^{外有氣化} 나아가 한 세상 모든 사람 각각이 옮겨 살 수 없는 한울임을 알게 되는 일^{一世之人各知不移各也}"이다. 시천^{侍天}은 바로 인간의 본성이라는 것이다. 사람이 자기 안에 모신 한울님을 망각하고 섬기지 않을 때 바로 인간의 소외, 즉 '옮김^移'이 일어나는 것이다. 수운은 인간이 자신의 마음을 지키고^{守其心} 자신의 생명을 바르게 하면^{正其心} 한울님의 성품을 거느리고^{率其性} 한울님의 가르침을 받아 자연의 결에 따라 진화해 가는 것으로 본 것이다^{化出於自然之中}.

셋째, 사람은 마땅히 한울을 길러야 한다.

해월은 한울님이 사람의 마음 속에 모셔져 있음은 종자^{種子}의 생명이 종자 속에 있음과 같다고 하였다. 사람은 종자를 땅에 심어 그 생명을 기르는 것과 같이 자신의 마음밭에 심겨 있는 우주 생명^{宇宙生命}, 즉 한울님을 길러야 한다고 한다. 한울이 있음을 알지 못하는 사람은 종자를 땅에 심지 않고, 물속에 던져 그 생명을 죽게 하는 것과 같다고 하였다. 한울을 기르는 사람에게 한울이 있고, 한울을 기르지 않는 사람에게 한울이 없는 것이라 하였다. 종자를 심지 않는 사람은 결국 생명의 원천인 곡식을 거둘 수 없게 되는 것이다. 그리하여 한울을 기를 줄 아는 사람이라야 한울을 모실 수 있는 것이라 하겠다. 사람은 자기 안에 포태胞胎된 생명의 씨앗을 잘 기르기 위해서 자기가 일해서 얻은 곡식과 밥을 먹여 키워야 하는 것이다. 어떤 사람이 자기 안에 거룩한 생명을 모시고 기른다면 다른 사람도 똑같이 자기 안에 모시고 기르고 있다. 그리하여 사람은 한울로서 서로 공경하며 협동적으로 공생하여야 한다는 것이다. 사람은 자기 안에, 다른 사람 안에, 자연 안에 모셔져 있는 생명의 씨앗을 정성껏 기르는 노고를 아끼지 않을 때 우주의 생명과 합일되는 시천侍天을 수행할 수 있다. 그리고 우주 차원에서 보면 양천養天은 바로 한울이 한울 전체를 키우기 위해 동질적인 생명들이 서로 상부상조相扶相助하게 함으로써 서로 발전하게 하는 것이고, 이질적인 생명들이 먹이 사슬從屬營養 순환을 통해 연대적인 성장 발전을 도모하도록 함으로써 한울 자신이 진화해 가는 것을 의미한다. 해월은 이를 한울이 한울을 먹는다以天食天고 표현하고 있다.

넷째, '한 그릇의 밥'은 우주의 열매요 자연의 젖이다.
사람은 자기 안에 있는 한울을 키우기 위해서 밥을 먹어야 한다. 사람은 밥을 얻기 위해 땀을 흘려 일하지 않으면 안 된다. 그러나 밥과 곡식은 사람이 노동하여 얻은 결실이라고만 할 수 없고 오히려 우주와 자연의 밭에서 자라난 열매이며 한울天과 땅地의 젖이라 할 수 있다. 부모의 포태胞胎가 곧 천지의 포태이기에 사람이 어렸을 때 어머니의 젖을 빠는 것도 한울과 땅의 젖이고 자라서 오곡을 먹는 것도 한울과 땅의 젖이라 한다. 해월은 밥과 곡식과 젖을 한울과 땅의 녹祿이라고 불렀다. 그러므로 한 그릇의 밥을 먹는 일이 예사로운 일이 아니다. 한울이 한울의 젖과 녹인 밥을 먹는 일이다. 즉 그것은 사람이 우주 생명과 합일되는 우주적 사건이 되는 것이다.

한 그릇의 밥은 한울과 땅에서 맺힌 열매이며 동시에 이웃 사람들이 땀으로 빚은 젖이기도 한 것이다. 그래서 밥 한 그릇 속에는 우주의 진리가 깃들어 있을 뿐만 아니라 사회의 공동체적 의미도 담겨 있다고 하겠다. 인간은 결국 사회라는 큰솥에서 지은 밥을 같이 먹고 살아가는 한 식구인 것이다. 만사를 안다는 것萬事知, 즉 진리의 깨달음은 밥 한 그릇을 먹는食一碗 이치를 아는 데 있다고 하였다. 한 그릇의 밥이 한울과 자연의 젖이요, 이웃들의 땀인 줄 안다면 한울과 땅, 그리고 이웃의 고마움을 알고 갚을 마음을 가져야 할 것이다. 갚을 마음은 한울과 땅과 이웃에 대한 고마움의 고백告白으로 나타나게 된다. 해월은 이 고백을 '식고食告'라고 부르고, 이를 "도로 먹이는 이치反哺之理"라고 풀고 있다. 생명은 '되먹임고리'에 따라 순환적으로 활동하는 것이다. '되먹임'은 우주와 생태계와 사회 안에서 살아 움직이는 모든 생명이 물질과 정보, 에너지와 마음을 교환

交換·교감交感하면서 서로 연결된 순환적인 상호 의존성의 고리를 뜻한다. 그리하여 해월이 말하는 반포지리反哺之理는 바로 '되먹임'으로 풀 수 있다. 즉 한울과 땅과 사람이 생명의 에너지와 마음을 받아 되돌려 주는 순환 고리를 의미한다고 할 수 있다. 그러므로 식고는 한울과 땅과·이웃으로부터 받은 생명의 양식을 다시 되돌려 주겠다는 보은報恩의 의리義理를 맹세하는 일이다.

밥을 먹는 일은 성스러운 우주 생명에 바치는 제사라 할 수 있을 것이다. 왜냐하면 자기 안에 계시는 한울님 앞에 생명인 밥을 바치기 때문이다. 지금까지 조상의 혼령에게 제사를 지낼 때 메밥과 위패가 벽을 향해 산 사람 건너편彼岸에 놓여 있었다. 그러나 해월은 밥그릇을 정오正午의 산 사람 앞으로, 즉 이편으로此岸 옮겨 놓았다. 옮겨 놓은 것이 아니라 잘못된 시간과 자리를 제자리로 바로잡은 것이라 할 수 있다. 향아설위向我設位의 사상은 매일매일의 일상적인 식사를 성스러운 제사로 그 본래의 의미를 찾게 하였다. 그러므로 '지금 여기' 우주 생명을 모셔 기르는 산 사람 앞에 생명의 근원이 되는 밥을 공양供養해야 할 것이다. 왜냐하면 산 사람 안에 한울님으로서의 조상들의 마음이 살아 있기 때문이다. 지금 여기에 있는 나의 마음 안에는 먼 과거의 조상들의 영혼과 먼 장래의 후손들의 마음이 우주의 정신, 즉 한울님으로서 하나로 합일되어 있는 것이다.

다섯째, 사람은 한울을 체현해야 한다.

사람은 한울을 모시고 키우는 자, 즉 시천侍天과 양천養天의 주체가 되는 것이다. 그리하여 사람은 한울님의 질서를 이 세상에 구현해야 할 사회·윤리적 책임을 지고 있다. 체천體天은 사람이 한울을 모시고 키우는 주체로서 한울님다운 도덕적, 사회적, 생태적 행위를 해야 함을 의미하는 것이다. 그리고 사람은 한울님다운 행동을 실천함으로써 이 세상을 한울님다운 세상으로 진화시켜야 한다는 것이다. 현존하는 세계, 즉 선천세계先天世界는 죽임과 억압, 소외와 분열의 세계이다. 때문에 이 세상을 다시 한울의 세계, 즉 생명의 질서로 개벽開闢하는 인간의 행동은 불가피하게 싸움과 부정否定의 형태를 띠게 된다. 죽임과 억압에 거슬러 투쟁해야 하고, 소외와 분열을 부정할 수밖에 없는 것이다. 이것이 바로 한울의 정의正義인 것이다. 이 싸움은 우선 죽임과 억압의 질서에 대한 도덕적·정치적인 투쟁道戰으로, 소외와 분열의 세계에 대한 사회·경제적 투쟁財戰으로, 조작과 기만의 문화에 대한 언어·심리적 투쟁言戰으로 나타나게 된다. 도덕의 싸움은 생명을 죽이는 싸움이 아니라 생명을 살리는活人 싸움, 너도 살고 나도 살고 사람도 살고 자연도 사는, 즉 함께 사는 무극대도無極大道를 위한 싸움이다. 한편 경제의 싸움은 밥 한 그릇의 싸움이라 할 수 있다. 밥 한 그릇이 우주의 열매이자 사회의 열매인 것을 깨닫고 생명의 열매를 모든 생명에게 나누어 먹여서 그 생명을 살리는 싸움이다. 말의 싸움은 한울과 사람과 물건이 다 같은 한울님이라는 우주적 각성을 하고, 인간과 자연의 모든 생명을 섬기고 키워서 살려야 하는 책임이 모든 사람에게 있다는 한울의 진리를 이 세상에 널리 전하고 또한 그 진리의 그릇인 '말'을 순화淨化시키고 생동시키는 문화 투쟁文化鬪爭이라 할 수 있다. 그리고 사람은 죽임의 세계에 대한 적극적인 투쟁을 전개하면서 동시에 일상적 생활에서 생명에 대한 존엄과 경외를 잃어서는 안 된다는 것이다. 즉 생명을 가두고 나누고 억압하고 죽이는 일을 결코 해서는 안 된다. 체천體天의 소극적인 표현이 바로 십무천十毋天의 강령이라 할 수 있다.

십무천 강령의 내용은 "①생명을 속이지 않는다 ②생명 앞에 오만하지 않는다 ③생명에게 상처를 입히지 않는다 ④생명을 어지럽히지 않는다 ⑤생명을 일찍 죽이지 않 는다 ⑥생명을 더럽히지 않는다 ⑦생명을 굶기지 않는다 ⑧생명을 파괴하지 않는다 ⑨생명을 혐오하지 않는다 ⑩생명을 예속시키지 않는다"로 되어 있다. 한울을 이 세상에 구현하는 체천의 도道는 삼전三戰과 십무천을 통하여 구체화하는 것이라 할 수 있다.

여섯째, 개벽開闢은 창조적 진화이다.

수운과 해월이 말한 바 선천세계는 생명을 가두고抑壓 옮기고疏外 나눔分裂으로써 생명을 죽이는 죽임의 질서라 할 것이다. 생명이 생명답게 되기 위해서는 선천의 질서를 해체하고 새로운 생명의 질서를 창조해야 할 것이다. 이것이 바로 후천개벽後天開闢이다. 그러나 동학사상은 후천개벽이 인간의 인위적인 혁명으로 성취된다고 생각지 않았다. 후천개벽은 무위이화無爲而化로 되어 가는 것이다. 낡은 선천세계는 낡은 것과 새것이 자연스럽게 서로 갈아드는 진화의 흐름에 따라 변화해 가는 것이다. 인류는 인위적 폭력으로써 진보하는 것이 아니라 오히려 무위이화하는 우주의 진화와 협력해서 자신의 생명을 능동적, 적극적으로 진화시켜 나아갈 때 세계를 개벽할 수 있다.

인류의 진화는 무위이화라는 우주의 자연스러운 진화 과정이면서 동시에 시천侍天하고 있는 인간의 각성과 실천의 결과라 할 수 있다. 그 때문에 인간이 낡은 선천세계를 개벽하는 일도 한편으로 보면 우주의 생명과 마음을 자기 안에 지니고 있는 인간의 능동적이고 창조적인 참여를 통해서 이룩된다고 할 것이다. 결국 우주와 인간은 협력하고 동역同役함으로써 창조적 진화를 이룩해 나가는 것이고, 이 진화의 역동적인 과정을 통하여 우주와 인간이 통일되어 나가는 것이다. 따라서 인류의 창조적 진화는 우주의 개벽이고, 우주의 진화는 인류의 후천개벽이 되는 것이다.

일곱째, 불연기연不然其然**은 창조적 진화의 논리이다.**

수운은 그의 독특한 개념인 '불연기연不然其然: 아니다 그렇다'을 가지고 천지 개벽과 인간 진화의 사상을 전개하고 있다. 그의 '불연기연론'은 동양과 서구의 전통적인 존재론에 대한 진화론적 극복이라 할 수 있다. 수운은 형태를 갖추면서 생성·진화하고 있는 천고千古의 만물들이 그 현상으로 보면所見而論之則 그렇고 그런 것 같이其然似然 보이지만 그 생성으로 보면所自而度之則 그렇지 않다不然고 하였다. 그리고 생성하는 것을 변하지 않고 고정된 틀, 즉 '존재'의 구조로 보면 '그렇다'와 '아니다'의 대립이 생길 수밖에 없다고 하였다. 다시 말해서, 긍정과 부정의 이원론은 '생성'을 '존재'로 보는 데서 성립된다는 것이다. 수운은 이원론적 대립이 시간의 개념에 서도 성립된다고 보고 있다. 시간의 흐름에서도 '이미 사라진 과거'와 '아직 오지 않은 미래'가 이분二分되어 어느 한쪽을 '그렇다'라고 보면 그 다른 쪽은 '아니다'가 된다는 것이다. 이렇게 수운은 긍정과 부정의 대립이라는 이원론의 문제를 제기하면서 그 해결을 진화의 시각에서 찾으려고 했다. 모든 실재는 그 생성과 진화에서 보면 스스로 진화하는 궁극적 실재, 즉 한울과 합일되어 있다는 것이 부정될 수 없으므로 오히려 '그렇다'라고 단언될 수 있다고 하였다. 수운은 인간이 존재의 시각으로 보아서 '아니다'라고 하는 것조차 '아니다'라고 할 수 있는 근거를 알지 못하기 때문에 '아니다'라고 부정할 수 없고, 오히려 '그렇다'고

앎으로써 '그렇다'고 믿는 것이라 하였다. 결국 '아니다^{不然}'라고 보는 것은 기필^{期必}하기 어려운 것, 즉 생각이 '아직' 미치지 못한 것을 의미하고 '그렇다^{其然}'는 '이미' 알고 있는 것, 즉 생각이 미친 것을 말하는 것이라 하였다. 그리하여 수운은 무위이화^{無爲而化}하는 가운데 진화하는 한울에는 "옛적부터 지금까지 미필^{未必}한 적이 있다"라고 말하고 있다. 따라서 불연^{不然}한 것은 미필한 것이요, 기연^{其然}한 것은 기필한 것이라 할 수 있다.

우주는 물질과 반물질 간의 대칭성 파괴로 인한 태초의 폭발$^{Big\ Bang}$로부터 시작되어 맥동하면서 진화해 왔으며 지금도 진화하면서 원자와 분자 같은 물질의 미시적 수준, 생물과 인간 같은 생명의 거시적 수준, 생태계와 우주 같은 초거시적 수준 등으로 중층 질서^{重層秩序}를 형성해 왔다고 한다. 여기서 진화란 단순한 것이 복잡한 것으로 분화되어 가는 것을 말한다. 즉 '하나'가 '많은 것^{多}'으로 분화된다는 의미이다. 다른 한편으로 보면 진화는 복잡하게 혼돈된 무질서가 질서화되어 가는 과정이다. 즉 '많은 것'이 '하나'로 통합되어 가는 것을 말한다. 이처럼 진화는 서로 모순되는 것같이 보이는 '복잡화'와 '질서화'의 두 경향을 통합하는 순환적 역동 과정이다. 그리고 진화는 모든 수준의 생명이 그 존재의 한계를 넘어 멀리 뻗어 나가는 것, 즉 '자기 초월'인 것이다. 그와 동시에 진화는 모든 수준의 생명이 요동을 통해 자기를 새로운 질서로 조직하는 것, 즉 '자기 조직화'인 것이다. 따라서 진화는 낡은 질서의 초월과 새 질서의 조직을 그 과정에서 통일하고 있다. 또한 진화는 과거의 살아 있는 경험과 전망되는 미래에의 계획을 창조적으로 통합하고 있다. 그리고 진화는 시간들의 통일일 뿐만 아니라 시간과 공간을 묶어 시공 연속체로 통합하고 있다. 그리하여 우주는 모든 수준의 생명이 상호 연관의 그물에 이어져 미시계와 거시계가 공진화함으로써 무궁한 시공時空으로 펼쳐지는 것이라 할 수 있다. 이처럼 모든 것을 통합하면서 진화하는 우주가 바로 인간 정신 안에 내재해 있다. 인간 정신은 과거의 경험과 정보를 축적하고 있는 유전 기능이 있고, 그의 환경인 생태계와 에너지를 교환하는 대사 활동을 할 뿐만 아니라 우주 진화의 전 과정을 포괄하면서 자기 자신을 의식할 수 있는 자기 의식의 능력을 갖추고 있다. 인간은 자기 의식 속에 무궁히 진화하는 우주, 즉 한울을 지닌 셈이다. 수운은 이를 일컬어 '시천侍天'이라 하였다. 시천은 정태적靜態的인 상태에서 초월적인 신을 섬기는 인간의 마음을 의미하는 것이 아니라 자기 안에 생성·진화하는 우주를 지님으로써 한울과 더불어 진화하는 인간의 정신을 의미한다.

  수운의 '불연기연론不然其然論'은 '아니다 그렇다'의 논리로써 바로 진화의 진상眞相을 규명한다. 인간의 감각적 경험과 분석적 지각은 실재를 정태적 구조 안에 '존재하는 것'으로만 보고 실재의 생성과 진화를 간과하고 있다. 그리하여 인간은 감성과 오성悟性을 넘어서 있는 것, 즉 생성과 진화에 대해 불연한 것으로 '아니다'라고 판단을 내리고 만다. 그리고 인간이 미시적 차원에서 진화하는 거시적 실재를 인식하려고 한다면 정태적인 틀에 맞는 것에 대해서만 '그렇다'라고 궁극적 판단을 내리게 된다. 여기에서 존재의 이원론적 분열과 대립이 성립하는 것이다. 인간이 생성하는 실재를 분석적 지각으로 보면 기연한 것만 보고 지각의 한계를 넘어서 있는 것을 불연하다고 부정하지만 궁극적 실재에 대한 직관을 가지고 이를 보면 그 불연한 것이 기연한 것으로 보인다는 것이다. 결국은 불연과 기연이 진화하는 궁극적 실재에 있어서 하나로 통일되어 나아가는 것이라 할 수 있다. 그리하여 거시적인 차원의 실재는 감각적인 경험과 분석적인 지각의 대상이 될 수 없고 직관을 통해 파악할 수밖에 없다. 직관直觀은 문자 그대로 '내부에서 배우는 것Intuition'을 의미한다. 인간이 격변하는 진화의 소용돌이에서 저장된 유전 정보, 환경과의 대사代謝, 분석적 정신만을 가지고 진로 설정에 어려움을 겪었을 때에 직관적 지혜가 인간을 인도해 왔다고 할 수 있다. 직관은 구조적 지식이 아니라 역사적 과정의 지식이며 진화하는 우주의 전일적 과정의 기어이라고 할 수 있다. 이것이 바로 시천의 각성覺醒이다. 인간이 생명의 궁극적인 실재인 한울을 자기 안에 지니고 있다는 것을 깨달았을 때에는 '아니다'가 '그렇다'로 전환된다. 결국 인간은 '깨달음'을 통해서 인간과 우주, 인간과 자연, 개인과 공동체, 물질과 정신, 불연과 기연이 통일되어 있음을 알게 된다. 이제 시천의 각성이 양천(養天)의 실천을 통해 무위이화(無爲而化)하는 가운데 개벽(開闢)으로 전개되는 진화의 문맥을 이해할 수 있게 된다.

자연과 인간을 역사적인 안목에서 존재가 아니라 생성으로 보려는 사상적인 시도와 노력이 19세기 서구에 있었다. 근대화되어 가는 서구의 세계 질서 속에서 후진적 주변부에 지나지 않았던 독일의 낭만적인 시대정신은 당시 현상을 타파하고 새로운 질서를 추구하면서 변증법적 사고를 촉진해 나갔다. 변증법은 헤겔(Hegel)의 관념적인 변증법이나 마르크스의 유물변증법을 막론하고 그 특징은 모순을 용인하는 데 있다. 이때 모순은 '있음과 '없음'의 통일, 즉 대립의 통일을 의미한다. 헤겔과 마르크스는 '대립의 통일'을 모든 사물의 본질이요, 역사 진보의 원동력이면서 동시에 사고의 법칙이라고 보았다. 그들은 사물의 변화를 '양(量)'의 점진적 변화의 질적 비약(質的飛躍)으로 보고 그 원리를 바로 '부정의 부정'의 논리로 보았다. 변증법은 레닌(Lenin)에 와서 대립의 통일보다는 투쟁이 강조되었다. 레닌은 대립의 통일은 조건적·일시적·상대적이고, 서로 배척하고 충돌하는 '대립의 투쟁'만이 절대적이라고 주장하면서 투쟁의 변증법을 전개했다. 그러나 변증법은 대립의 통일과 투쟁으로써 생성과 변화를 설명하고 있지만, 대립적인 것이 모순이라기보다는 상보(相補)적이라는 점을 놓침으로써 존재의 이원론적 구조에서 벗어나는 데 실패하였으며, 생성과 변화를 단순히 '양의 질로의 변화'로 이해함으로써 기계론적 틀에 사로잡혔다. 결국 헤겔의 '구체적 전체성'은 개체와 전체가 전일적으로 통합되는 것을 의미하기보다는 '획일적 전체성'으로 오해됨으로써 파시즘과 스탈린주의로 귀결되고 말았다. 수운의 '불연기연의 논리'는 존재의 정태적인 틀 속에 속박된 인간 오성을 해방하려다가 좌초한 변증법적 이성의 실패를 극복하고 인간, 자연, 그리고 우주의 역사를 이해할 수 있는 창조적 진화의 문법을 새롭게 제시하고 있다.

한살림

I

인류의 역사를 되돌아보면 모든 문명은 발생, 성장, 쇠퇴, 소멸의 길을 걸어왔고, 역사의 이러한 흐름은 우주의 역동적 순환 과정의 일환이라는 생각을 하게 한다. 어떠한 문명이든지 그것이 최성기에 도달하면 그 사고방식, 행동 양식, 사회 구조의 유연성을 잃고 경직화됨에 따라 활력을 상실해 버리고 몰락해 가는 경향이 있다. 산업 문명은 20세기 후반 1970년대에 들어와서 그 정점에 도달하고서는 바로 쇠퇴의 길로 접어든 것 같다. 생명의 원리인 유연성에 반하면서 경직화된 기계의 질서는 이제 생존이냐 아니면 파멸이냐 하는 절망적 위기의 벼랑에 서 있는 것은 아닌가? 그러나 위기는 파멸로 인도하는 위험한 상황이면서 동시에 새로운 변화에의 가능성을 잉태하고 있는 진화의 계기, 즉 새로운 기회일 수도 있다.

오늘날 위기의 상황 저변에서부터 변화의 조짐이 서서히 나타나고 있다. 사회, 경제, 정치의 모든 영역 특히 국제 정치, 경제의 영역에서 지배 권력이 그 힘을 잃어가고 있다. 초강대국인 미국과 중국은 베트남에서 소련은 아프가니스탄에서 무력이 아무런 소용이 없다는 것을 실감했다. 일본은 인류사상 처음으로 자위대라는 비정상적인 군비軍備를 가지고 경제 대국으로 발돋움해 가고 있다. 두 차례의 세계 대전 이후 세계 경제를 지배해 오던 미국 경제는 1970년대를 고비로 해서 소위 쌍둥이 적자라 불리는 국제수지 적자와 재정 적자로 시달리면서 쇠퇴의 길로 들어섰다. 그리하여 세계 최대의 부채국인 미국의 달러가 세계 경제 사상世界經濟史上 처음으로 전 세계의 화폐로 통용되는 기현상이 나타나게 되었고, 국경을 타고 넘는 다국적 기업들이 국가의 주권과 세계 경제를 주무르게 되었다. 이들 기업의 자산은 대부분 국가의 국민총생산을 능가하고, 그들의 경제적, 정치적 힘은 각국 정부의 권력을 능가하고 있다. 그러나 다국적 기업의 지배도 국제 여론의 힘과 국제 경제의 블록화에 의해 세계 도처에서 도전을 받고 있다. 또 세계는 인권과 자유를 물리적 폭력으로써 지배해 오던 권위주의적 국가 권력이 붕괴하기 시작하면서 서서히 민주화 경향을 보인다. 또 산업사회 내부에서도 기술관료 체제, 즉 대기업과 당의 지배 체제에 대한 비판이 고조되면서 부분적인 개혁의 기운이 감돌고 있다.

또 다른 변화의 조짐은 자연 환경에 대한 인식의 변화에서도 엿보인다. 오늘날 전 세계적으로 환경에 관한 관심이 높아지면서 이제 더는 경제 성장을 환경 문제와 분리해서 생각할 수 없다는 인식이 뿌리내리기 시작했다. 일부 사람들은 환경 파괴와 공해 문제가 자본주의 시장 경제와 사회주의 계획 경제의 파탄이라고까지 하면서 적극적인 환경 정책이 요청된다고 주장하고 있다. 그러나 환경 파괴가 인류의 생존 자체를 위협하는 상황인데도 경제 성장을 위해서는 다소의 환경 파괴는 불가피하다는 인식이 아직도 지배적이다.

사상과 이념의 영역에서도 새로운 징후가 보인다. 그동안 세계를 양분하여 지배해 왔던 자본주의와 공산주의는 그 정책과 사상에 있어서 현실성을 잃어가고 있다. 세계인은 계급과 이데올로기가 아니라 인류의 공동선이 현실적이고 중요하다는 새로운 공동 인식에 도달하고 있다. 19세기 자유방임의 환상에 실망한 나머지 지식인들은 한때 마르크스주의에 열중했었지만, 오늘에 와서는 자본주의와 공산주의의 수렴화收斂化에 기대를 걸고 있다. 자본주의 여러 나라는 고전 자본주의의 틀을 넘어서 사회 정책과 복지 개념에 관심을 돌리고 있고, 소련과 동구의 일부 나라들은 개방과 자율화의 경향을 보이기 시작하였다.

오늘날 인류와 세계가 문명의 일대 전환기를 맞이하고 있다. 이때 우리는 우리 민족의 역사적 상황을 살펴보지 않을 수 없다.

돌아다 보면 우리 민족의 근세사는 외압에 대한 줄기찬 항전의 발자취였다. 우리 민족은 근대적 민족으로서의 자각이 움트기 전에 안으로부터 동요하기 시작하였으며 동시에 서구 제국주의가 동점東

漸하는 세계사의 흐름 속에 밖으로부터 충격을 받게 되었다. 일본 제국주의의 폭력적 억압과 야만적 수탈 속에서 민중은 그 생존 기반을 빼앗기고, 그 민족적 본성을 박탈당한 채 신음하게 되었다. 그러나 우리 민족은 이에 굴하지 않고 일본 식민지 지배에 대해 끊임없이 저항해 왔다. 저항과 투쟁이 그렇게 치열했고, 독립과 해방을 향한 민족의 마음이 그렇게 열렬했음에도 우리 민족은 끝내 독립을 자주적으로 성취하지 못한 채 해방을 맞이하게 되었다. 이 해방은 민족의 자주적 투쟁의 결과라기보다는 일본을 대신한 또 다른 외세 外勢, 즉 미국과 소련에 의해 타율적으로 주어진 것에 불과했다.

제2차 세계대전 이후 소위 미·소 냉전 체제는 세력 균형이라는 명분 아래 민족 해방을 민족 분단이라는 아픔으로 뒤집어 놓았다. 민족 분단은 결국 동족 간의 비극적 싸움으로 심화하여 갔다. 전쟁이 휴전 체제로 바뀐 지 40년이 지나도록 남과 북은 상처를 치유하지 못하고 여전히 타율적 이데올로기 체제하에 서로 적대하고 있다. 그동안 남과 북은 자본주의 이념과 공산주의 이념을 가지고 그 나름대로 산업화를 이루어 놓고 있다. 그러나 남은 어느 정도 경제 성장을 이룩했지만 정치적으로는 군사적 독재 권력 밑에 민중의 생존과 인권이 오랫동안 유린당해 왔다. 북은 이른바 주체사상이라는 낡은 스탈린주의의 토착화에 열중하면서 인민을 억압하고 소외시키는 폐쇄된 전체주의 사회를 구축하고 있다.

지금까지 남과 북의 집권 세력은 서로 정치·군사적으로 적대하고 있으면서 말로만 통일을 외치고 있다. 그러나 그들은 아직도 기존의 체제나 이데올로기에 대해 반성의 빛을 보이지 않고 오히려 통일 문제를 권력 획득과 유지의 수단으로 이용하고 있다. 현재 남쪽의 민중들 사이에 통일에 대한 열망이 고조되지만 그들도 민족 분단에 가로 놓여 있는 장애가 무엇인지를 제대로 이해하지 못한 채 사상적 혼란에 빠져 있다. 살아 있는 하나의 생명인 우리 민족을 기계적 힘으로 분단시켜 적대토록 하는 것은 무엇인가. 자연 그대로의 한반도를 기하학적인 선으로 절단하여 그 생명의 기를 끊어 놓은 것이 과연 무엇인가. 그것은 다름이 아니라 인류와 세계를 분열시킨 억압적인 기계문명인 것이다.

진정한 통일 운동은 무엇이 우리 민족의 역사적 진화를 가로막고 있는가를 정확히 인식하는 일에서 출발하는 것이다. 생명을 기계의 구조와 질서로써 억압하고 소외시키며 분열시키고 있는 오늘날 산업문명이 인류 진화 과정상 어떤 위치에 놓여 있는가를 파악하는 일에서 통일의 문턱은 발견되는 것이다. 우리 민족을 남과 북으로 갈라놓고 서로 적대케 하는 것은 낡은 기계문명의 명맥을 유지하면서 인류의 진화를 억제하는 소극적인 '되먹임고리^{Feedback}'인 것이다.

바야흐로 산업문명은 내부에서 격동하고 있고 그 동요는 낡은 구조와 질서를 유지하기에는 너무나 격렬한 것이다. 그것은 곧 적극적인 '되먹임고리'를 통하여 더욱더 증폭되고 확대되면서 진화의 분기점을 돌파하는 혁명적 순간을 맞게 될 것이다. 그리하여 인류 진화의 창조적 초월은 바로 한반도에서 시작될 것이 틀림없다. 한반도는 산업문명의 비극적 운명이 집약적으로 연출되는 무대이며, 우리 민족의 현존은 소외된 인간 실존의 응축된 상징이다. 바로 그러하기에 우리 민족의 비극적 운명은 진화의 분기점에서 방향을 결정하지 못하고 방황하는 인류를 대신하여 앞장서서 과감한 창조적 진화의 모험을 감행토록 하는 추진력이 될 수도 있다는 것이다. 우리 민족이 생명의 씨앗을 전 인류, 전 세계에 퍼뜨리고 인류의 진화에 앞장서서 나선다면 우리 민족은 통일을 성취할 뿐만 아니라 인류 진화의 대약진의 여명을 알리게 될 것이다. 그때 한반도는 우주 생명, 즉 한울님의 제단이 될 것이다. 진정한 통일 운동은 우리 민족의 통일만을 지향하는 것이 아니라 전 인류, 전 생태계, 전 우주 생명과의 통일을 지향하는 생명 운동이다. 생명의 이념과 활동인 한살림은 모든 개인, 모든 민족, 모든 인류, 모든 생태계가 한울님, 즉 우주 생명의 태 속에서 태어나 한울의 섯을 빨고 자라는 한 형제, 한 동포라는 우주적, 생태적, 공동체적 각성에 그 기반을 두고 있다.

한살림은 그 세계관에서는 물질, 생명, 정신이 역동적인 과정을 통하여 하나의 우주 생명에 통합되어 가고 있으며 인간, 자연, 우주 모두가 동요를 통해 새로운 질서로 자기를 조직하는 생명이라는 점을 감지하고 있는 새로운 과학에서 그 이론적인 전거典據를 찾고 있다. 한편 한살림은 가치관에서는 한민족의 오랜 전통과 맥을 이어 오고 있는 동학의 생명 사상에서 그 사회적, 윤리적, 생태적 기초를 발견하고 있다. 동학은 물질과 사람이 다 같이 우주 생명인 한울을 그 안에 모시고 있는 거룩한 생명임을 깨닫고, 이들을 '님'으로 섬기면서侍 키우는養 사회적·윤리적 실천을 수행할 것을 우리에게 촉구하고 있다. 자연과 인간을 자기 안에 통일하면서 모든 생명과 공진화해 가는 한울을 이 세상에 체현시켜야 할 책임이 바로 시천과 양천의 주체인 인간에게 있음을 동학은 오늘 우리에게 가르치고 있다.

첫째, 한살림은 생명에 대한 우주적 각성覺醒이다.
모든 생명은 전체의 일부분인 동시에 부분들의 통합된 전체라는 전일적全的 구조를 갖고 있으며 전체로서의 독립성과 개체로서의 의존성을 동시에 갖고 있다. 그리하여 모든 인간, 모든 생물, 심지어 무기물까지도 하나의 우주적 그물 속에 서로 연결되어 있으면서 협동하여 공진화하는 생명인 것이다.

　모든 생명은 한울 가득히 가지를 뻗고 있는 우주라는 큰 나무에 연결된 가지, 줄기, 뿌리이다. 모든 살아 있는 것은 우주 생명이라는 나무에서 단절되면 그 생명을 잃고 만다. 우주 생명인 한울은 모든 생명을 자기 안에 합일시키고 키워 나아간다. 인간은 무궁히 자라나는 우주라는 생명나무生命樹의 한 가지 끝에 맺힌 작은 열매에 지나지 않는다. 그리하여 인간은 우주 생명에서 떨어져서는 살아갈 수가 없다. 인간은 우주 생명이라는 큰 나무의 일부분을 구성하고 있는 작은 생명이면서 동시에 보다 작은 생명들을 통합하고 있는 큰 생명이다. 이것이 우주에서의 인간의 제자리며 참모습이다. 그런데 열매 속에는 나무의 씨앗이 있고, 그 씨앗 속에는 우주의 생명나무가 포태되어 있다. 진화하는 우주 생명은 살아서 진화하는 인간의 마음 안에 잠재해 있고 진화하는 인류의 문화는 우주의 전 시공간을 포괄하고 있다. 전체로서의 우주가 개체로서의 인간 안에 살아 숨 쉬고 있어 동학은 이를 일컬어 시천侍天이라 하였다. 즉 사람은 누구나 그 안에 한울님을 모시고 있는 것이다. 오늘날의 인간은 한울을 자기 안에 모시고 있음을 스스로 망각함으로써 그 본성으로부터 소외되어 있고, 탐욕스럽고 잔인하게 그 형제이자 동포인 자연을 지배하여 착취하고 있다. 그러나 인간은 탐욕스러운 욕망을 버리고 인간이 다시 자기 안에 모신 한울을 섬긴다면, 즉 소외되어 있던 자신의 본성을 회복하기만 한다면 인간은 지혜롭고 성스러운 생명이 될 것이다.

둘째, 한살림은 자연에 대한 생태적 각성이다.

생태계는 자율적으로 자기를 조직하는 체계이며 동시에 자기 안에 인간, 생물, 무기물들을 하나의 생명으로 포괄하고 있는 인간보다 큰 생명이다. 생태계로서 지구는 하나의 살아 있는 생명이며 가이아^{Gaia}로서의 지구는 마음을 가지고 있다고 한다. 대기와 바다와 흙과 더불어 인간과 다른 생물을 하나의 생명으로 통합하고 있는 지구는 엄청난 화학적·열역학적 비평형의 동요에서도 자기를 유지해 왔고, 오랜 진화의 과정을 통해 새로운 생태적 질서를 창조해 왔다고 한다. 만일 지구가 단순한 무생물체의 고체 덩어리라면 어떻게 인체가 체온을 조절하듯이 지표^{地表}의 온도를 조절할 수 있고, 모든 지질학적·기상학적인 요동을 겪어 내면서 생명체를 창조할 수 있었겠는가. 오늘의 새로운 과학은 분자 수준의 물질에도 생명과 정신 현상이 있다는 놀라운 혁명적 물질관을 제시하고 있다. 물건 안에도 성스러운 한울이 계시다고 우리에게 가르치고 있는 해월은 땅 울리는 소리가 자기의 마음을 아프게 했다고 고백하였다.

생명의 진화는 우리 인간에게 많은 것을 깨우치게 하고 있다. 지구상 최초의 생명의 형태인 원시세포^{Prokaryote}는 광합성을 통해 산소를 만들어 내어 지구의 대기권에 현 수준의 산소가 함유되도록 함으로써 산소를 호흡하고 살아가는 유핵세포^{Eukaryote}와 그 밖의 고등생물들이 살아갈 수 있는 생태적 질서를 창조하였다. 그리고 원시

세포들은 생태계에 지금까지 살아남아서 식물과 동물의 세포 속에서 그들과 공생하고 있다. 그들은 지금도 생물의 산소 호흡을 조절하고 무기물로부터 영양을 합성함으로써 '전 생태계의 에너지 살림'을 도맡고 있으며 생물의 폐기된 유기물 쓰레기를 분해하여 정화하는 역할을 담당하고 있다. 우리 인간은 전 생태계의 '생산자'와 '주부'로서 또는 '청소부'로서의 원시세포가 수행하는 '에너지 순환 운동'과 '자정(自淨) 활동'을 기반으로 하여 살아가고 있다. 우리 인간은 우주 생명의 나무의 일원으로서 가지, 잎, 뿌리와 더불어 공생하고 공진화해야 할 것이다. 오늘날 인간에게 자신의 자유함과 동시에 생태계에 대한 성숙한 책임감이 전 지구적으로 요구되고 있다.

"지구의 요구는 인간의 요구이며, 인간의 권리도 지구의 권리인 것이다."

셋째, 한살림은 사회에 대한 공동체적 각성이다.

인간은 혼자서 살아갈 수 없다. 인간은 자연을 떠나서 살아갈 수 없듯이 사회를 떠나서 살 수가 없다. 인간은 본래 공동체에서 태어나고 그 안에서 살아가는 것이다. 그러니 산업 사회에서 인간은 자연과의 생태적 균형을 잃고 있을 뿐만 아니라 인간과 인간 사이에 참다운 공동체를 상실하고 있다. 인간은 군중 속에 원자화된 고독한 개인으로 이웃과 단절되어 있다. 사회는 공동체적 성격을 상실하고 지배와 통제의 기능만 강화하고 있다. 인간은 핵가족과 개인으로 산산이 흩어지고, 중앙집권화한 권력에 의해 일괄적으로 관리되고 통제되고 있다. 사회의 가치를 결정하고 배분하는 권력이 더욱더 중앙 집권화되고 전문화되고 독점화되면서 인간을 더욱더 소외시켜 가고 있다. 사회는 개인과 개인, 개인과 집단, 집단과 집단들이 대립하고 갈등하는 투쟁의 장이 되어 버렸다. 그 속에서 인간은 이기적으로 물질적 가치를 추구하면서 욕망 충족의 고리에서 쳇바퀴 돌고 있다. 오늘날 인간의 삶에서 결핍된 것은 물질적 안락이 아니라 공동체적 협동과 자연과의 조화이다.

사회는 살아 있는 인간의 사회이며 그 본래의 모습은 진화하는 생명이다. 인간과 인간 사이에는 물질과 에너지, 정보와 지식, 정서와 정신이 끊임없이 순환적으로 교류되고 있다. 그리하여 사회는 개인들의 단순한 집합이 아니라 부분으로서의 개인과 전체로서의 사회가 전일적으로 통합된 공동체이어야 하며, 인간은 공동체에서 이웃과 협동함으로써 공생하지만 결코 그 자율성을 상실하지 않고 오히려 참다운 자기 실현의 길을 발견하게 되는 것이다. 진정한 공동체로서의 사회는 자연과 생태적 균형을 이루어 나가면서 환경의 변화와 진화에 유연성을 가지고 능동적으로 대응해 나가는 것이다. 해월은 사람이 사람을 한울로서 대접하면 세상을 기화(氣化)시킬 것이라고 하면서 인간 사회가 공동체적 삶을 통해서 진보할 수 있음을 강조하고 있다.

그는 사회가 용시^{用時}, 용활^{用活}하지 못하면, 즉 시대의 진화에 응하지 못하면 죽은 물건이나 다름없다고 설파하고 있다. 인간은 공동체를 회복해야 한다. 오늘날 낭비보다는 검약, 경쟁보다는 협력, 물질적 성장보다는 정신적 성숙, 이기^{利己}보다는 공생, 자기 주장보다는 사회 정의, 분열보다는 통일을 지향하는 참다운 공동체적 각성이 우리에게 요청되고 있다.

넷째, 한살림은 새로운 인식, 가치, 양식을 지향하는 '생활 문화 활동'이다.
산업문명은 자연의 생태적 균형과 인간의 공동체를 파괴함으로써 엄청난 분열과 충돌과 동요를 유발하고 있다. 격동하는 문명의 동요는 더욱더 증폭되어 생존이냐 파멸이냐, 붕괴냐 창조적 진화냐 하는 분기점에 이르렀다. 어느 방향으로 진행될지는 전적으로 인류의 선택에 달린 것이다. 오늘날 인간은 매우 탐욕스럽고 어리석은 생명인 것같이 보이나 그 본성에 있어서 지혜롭고 성스러움을 자기 안에 지니고 있다.

그러나 기계 문명은 인간이 그 본성으로부터 떠나 소외된 모습으로 살도록 억압해 왔다. 오늘날 인간은 자기 안에 모시고 있는 우주 생명을 망각함으로써 생명의 본성을 잃어버리고 말았고 드디어 세계는 인간의 소외뿐만 아니라 생명 그 자체의 소외로 귀결되었다. 그리하여 인간은 인류의 파멸과 생태계의 파괴로 발전될지도 모르는 위기에 봉착하게 된 것이다.

이 위기 상황에서 인간이 먼저 해야 할 일은 소외된 본성을 회복하는 일일 것이다. 그것은 인간이 자기 안에 모셔진 우주적 생명을 깨닫는 일이다. 즉 인간이 자신 안에서 우주 생명과 합일됨을 깨닫는 일이다. 이러한 각성된 깨달음이 있을 때 인간에게 새로운 희망의 길이 열릴 것이고, 참된 인간 회복과 인간 해방의 길이 열릴 것이다. 우주 생명과의 합일됨을 깨닫고 각성한 인간은 인간과 자연이 다 같은 생명으로서 우주와 합일되어 있음을 알게 된다. 그리하여 각성한 인간은 공동체 속에서 이웃과 협동하면서 공생하고 생태계와 균형 있고 조화로운 생활을 추구하게 될 것이다.

이제 삶의 인식, 가치, 양식에 대한 전면적인 전환이 필요하다. 우리는 자연, 인간, 사회를 기계 모형으로 보는 산업문명을 생명의 제 모습으로 바꾸어 나가야 할 것이다. 또한 새로운 세계관과 가치관에 기초하는 새로운 생활 양식을 창조하여 사회에 널리 보급해야 하겠다.

다섯째, 한살림은 생명의 질서를 실현하는 '사회 실천 활동'이다.
생명의 진화는 환경에 적응하면서 기존의 질서에 머물러 있는 것을 뜻하지 않는다. 오히려 변화의 충격과 동요를 증폭시키면서 이를 새로운 질서와 환경으로 창조하는 생명 활동을 말하는 것이다. 산업문명은 그 내부적 동요와 외부적 충격으로 진화의 문턱에 와 있다.

와해하여 가는 기계 문명으로부터 인류가 창조적 진화를 수행하기 위해서는 각성한 인간들의 창조적 활동이 필요하다. 그 활동은 낡은 기존의 사회, 경제, 정치를 혁파하고 생명의 질서를 지향하는 실천적 사회 활동으로 나타나게 된다.

산업문명의 정치는 그 권력을 소수 기술 관료들에게 집중시키면서 대다수 국민을 억압하여 소외시키고 사회 분열과 경제 불균형을 조장하고 있고, 관료들의 부조리, 부패, 무능을 양산해 내고 있다. 대기업에 의해 장악된 경제는 자본과 기술을 더욱더 집중함으로써 실업과 주기적 불황을 유발하고 있고, 자원과 에너지를 낭비함으로 생태적 균형을 파괴하고 있으며, 부富를 독점함으로써 사회의 불균형과 분열을 심화시켜 나가고 있다. 기존의 정치 질서와 경제 구조는 기계의 질서로써 인간을 억압하여 소외시키고 자연을 파괴하는 죽임의 질서인 것이다.

그리하여 우주의 큰 생명을 자각한 창조적인 인간은 반생태적·반공동체저인 정치 권력·기술 관료·대기업들에 대한 생명의 투생을 전개해야 할 것이다. 인간과 자연, 개인과 사회, 민족과 인류가 다 같이 살자는 이 싸움은 사랑의 투쟁이며, 평화의 투쟁이고, 생명의 투쟁이다. 생명의 투쟁은 인위적 폭력으로 기존의 사회 질서를 해체하자는 것을 의미하지 않는다. 생명의 투쟁은 인류 진화의 도정에서 새롭게 도래할 문명을 준비하는 창조적 활동을 말하고 후천개벽을 의미한다.

여섯째, 한살림은 자기 실현을 위한 '생활 수양 활동'이다.
생명의 세계관, 가치관을 실현하고자 하는 실천 활동은 인간과 자연, 개인과 사회의 모든 생명이 모두 우주 생명에 합일되어 있다는 깨달음에서 출발한다. 해월은 일찍이 한울을 키우지 않는 사람에게는 한울이 없다고 하였다. 그러나 인간이 살아 있는 생명이라면 누구나 자기 안에 우주 생명을 포태하고 모시고 있다. 수운은 한울님을 모시는 일은 자기의 마음을 닦고 몸의 기운을 바르게 하는 것이라고 하였다. 시천侍天은 안으로 심화心化하고 밖으로 기화氣化하는 인간의 마음을 바르게 닦는 일이다. 그리하여 수운은 사람이 성실, 공경, 믿음을 다하여 한울을 섬기고 수심정기守心正氣하면 누구나 무극대도無極大道에 이르게 된다 하였다.

만약 사람이 한울님을 자기 안에 모신 거룩한 생명이라면 마땅히 자기 안에 계시는 한울을 키워야 할 것이다. 그리고 사람은 자기 안에 계신 한울뿐 아니라 이웃 사람과 자연 안에 계시는 한울도 키워야 할 윤리적 책임이 있는 것이다. 양천은 인간이 자기와 이웃과 자연 안에 내재한 우주 생명을 키움으로써 '자기'와 '공동체'와 '생태계'의 공진화를 도모하는 것이다.

그리하여 해월은 한울을 기를 줄 아는 사람이라야 한울을 모실 줄 안다고 하였다. 시천侍天이라는 우주적 각성과 자기 마음을 닦는 수양修養은 생명을 기르고 키우는 현실적 생활에서 이루어진다. 생활이란 문자 그대로 살아 활동하는 것을 의미한다. 생활은 인간이 살아 활동하기 위해 자신을 포함한 뭇 생명에게 '밥'이라는 생명 에너지를 먹여 키우는 일이다. 우주 생명과 하나임을 깨달은 사람은 자기와 이웃과 자연이 모두 하나의 생명임을 자각하고, 그들의 생명도 자신의 땀으로 빚은 '밥'을 먹여 키운다. 그리하여 각성된 사람은 시천과 양천養天이 하나로 통일된 것임을 알게 된다.

인간은 누구나 다 그 자신 안에 '한울생명'을 모신 성스러운 생명이기에 성실함과 경건함 그리고 믿음을 갖고 자기와 이웃과 자연의 생명을 자신의 땀과 피로써 키워 살려야 하는 윤리적 책무를 지니고 있다. 이러한 도덕적 각성은 곧 진정한 '자기 실현'을 위한 수련의 길일뿐만 아니라 자기와 이웃이 협동하는 '공동체 삶'의 정신적 기반이 되고 '사회 정의', '생태 균형'을 실현코자 하는 사회 실천 활동의 출발점이 된다.

일곱째, 한살림은 새로운 세상을 창조하는 '생명의 통일 활동'이다.
민족 통일은 우리에게 민족적 지상 과제이다. 하나의 통합된 생명인 한민족이 물리적 힘과 기하학적인 선으로 잘릴 수는 없다. 이것은 자연의 결을 거스르는 일이며 생명의 진화를 역행하는 일이다. 그런데 우리 민족은 아직도 분단의 고통 가운데 있다. 그러나 이 고통은 쓰라림을 이겨 내면서 한 알의 영롱한 진주를 만들어 내는 진주조개의 창조적인 고통일 것이다. 진정한 통일 운동은 인류 역사의 진화 속에서 우리 민족이 수행해야 할 역할을 인식하는 데서 그 기반을 확보할 수 있다. 우리 민족의 역할은 고난과 시련의 역사를 새로운 역사 창조의 원동력으로 전환해 인류 진화의 모범을 보이는 것이다.

산업문명이 기초하는 기계의 사회 문화 모형은 모든 것을 분할, 구속, 고립시키고 모든 것을 예속, 소외, 오염시키고 있는 죽임의 틀이다. 그런데 기계 문명도 본래 생명인 인간 정신의 산물이다. 그것이 생명의 모태를 떠나 생명의 탯줄을 끊고 나서부터 오히려 그 어머니인 생명과 인간을 억압하고 핍박해 왔다.

그러나 탕자와 같은 기계 문명은 더는 생명을 억누를 수 없게 되었다. 왜냐하면 생명의 탯줄로부터 단절되어 그 생명력을 잃고 엔트로피의 노예가 되어 죽음을 선고받고 있기 때문이다. 이제 기계는 그 생명의 고향으로 다시 돌아와 인간과 화합함으로써 본래의 생명을 회복해야 할 것이다.

한살림은 기계의 힘과 논리가 분할하고 단절하고 폐쇄한 모든 것을 다시 통일하는 일을 시작함으로써 우리 민족의 통일을 성취하고자 한다. 한살림은 인간의 마음속에서는 감성과 이성을, 인간의 자기 의식 속에서는 분석적 지식과 직관적 지혜를, 인간의 생명에서는 육체와 정신을, 인간 사회에서는 개인과 공동체를, 생태계에서는 자연과 인간을 다시 통일시키면서 이 모든 것을 '한울생명'에 통일시키는 생명의 대통일 운동을 전개해 나아가려 한다. 한살림은 전 우주, 전 생태계, 전 인류를 생각하면서 민족 통일을 위한 실천 활동을 수행하고 민족의 통일을 생각하면서 생태적 균형, 사회 정의, 자기 실현의 길을 모색하려 한다.

수운은 우리에게 통일의 대원리를 제시하고 있으니 시천사상侍天思想이 바로 그것이다. 인간은 거룩한 우주 생명이 자기 안에 계시다는 것을 각성함으로써 진화하는 우주의 창조적 대통일 사업에 동참할 수 있다는 것이다. 이 우주적 사업은 생명을 억압하고 소외시키고 분열시키면서 죽임을 강요하는 낡은 선천 세계를 개벽하는 창조적 진화라 하겠다. 개벽은 한울과 인간이 공동으로 수행하는 것이다. 인간 누구나에 내재한 우주 생명은 바로 인간의 옮길 수 없는 본성이다.

오늘날 우리에게 요구되는 것은 망각된 채 소외된 인간의 본성을 회복하여 제자리에 놓는 일이다. 이것이 진정한 인간 해방의 길이다. 시천의 각성이 내 마음, 우리 민족의 정신 아니 전 인류의 영혼에서 일어날 때, 자연과 인간, 물질과 정신, 개인과 사회, 민족과 인류가 하나의 우주 생명으로 동귀일체同歸一體되는 생명의 궁극적 통일을 성취할 수 있다. 바야흐로 후천개벽이 다가온다. 생명의 새로운 지평이 우리 앞에 열리기 시작한다.

인류의 위대한 추축 시대樞軸時代에 예수와 붓다가 점화한 '사랑'과 '자비'의 등불은 2000년 이상 인류를 어둠에서 인도해 왔다. 그러나 산업문명 시대에 들어와서는 그 빛이 희미해졌다. 죽임의 어둠이 더욱 깊어지고 있는 오늘날 사랑과 자비가 생명의 등잔 위에 더욱 큰 불꽃으로 다시 점화되어야 할 것이다.

1848년 마르크스는 〈공산당선언〉을 통해 인간 해방을 선포하면서 혁명의 깃발을 높이 치켜들어 온 세계의 억압받고 소외된 계급과 민족의 길잡이가 되어 왔다. 그러나 오늘날에 와서 혁명의 깃발은 그 빛깔이 바래고 있다. 마르크스는 인간이 물질의 생산, 분배, 소유를 혁명적으로 재편함으로써 인간 해방을 실현할 수 있다고 굳게 믿었다. 그러나 오늘날 우리에게 필요한 것은 빵만 아니라 생명인 빵의 의미와 창조적으로 진화하는 생명의 의미를 진정으로 깨닫는 시천의 각성이다.

새로운 세계를 바라보고 이를 준비하고 있는 각성하고 해방된 인간의 정신은 '자기 안에 있는 우주 안에 자기가 있음'을 깨닫고 있다. 진화의 분기점에 방황하고 있는 이 시대는 '우주 속의 인간', '인간 안의 우주'라는 자기 이미지를 지닌 새로운 이념이 나와야 할 때이다. 그러기에 우리는 바로 지금 여기에서 새로운 생명의 이념과 활동인 한살림을 펼친다.

"무궁한 그 이치를 무궁히 살펴 내면
무궁한 이 울 속에 무궁한 내 아닌가."(수운)

한살림선언 약사(略史)

1988년 6월 25일

가칭 '한살림연구회' 준비모임 결성

- 준비모임(5회)에서 〈생명(살림)운동에 관한 원주보고서〉 검토 및
  문명사적 전환, 동학의 사회적 역할에 대한 토론 진행

1989년 1월 21일

한살림모임 창립준비위원회(준비위원장: 박재일)로 명칭 변경

- 공부모임(11회)과 토론회(4회) 진행

1989년 7월 29일

한살림모임 제2차 자체토론회

- 최혜성, "한살림운동이란 무엇인가" 발표

1989년 10월 29일

한살림모임 창립총회, 〈한살림선언〉 채택 (장소: 대전 신협연수원)

- 한살림모임 창립준비위원회에서 합의된 내용을 토대로 장일순, 박재일,
  최혜성, 김지하가 정리하고 최혜성이 대표 집필

※ 한살림모임 초창기 구성원: 김민기, 김상덕, 김성종, 김영원, 김영주, 김용호, 김지하, 박준길, 박재일, 박창순, 서종록, 신금호, 신동수, 이경국, 이병철, 이상국, 이순로, 장일순, 정성헌, 채희완, 최혜성, 한성찬
※ 한살림모임 창립총회 회의자료에 첨부된 〈한살림선언〉과 이후 채택된 선언문은 일부 수정을 거쳐서 소책자(1992)로 발행되었다.

1990년 3월 13일

무크지『한살림』발간, 〈한살림선언〉 수록

· 발행처 한살림, 발행인 최혜성, 편집인 김민기 · 기획 한살림모임

1990년 3월

〈한살림선언〉 중국어판『偉大生命的宣言』발간

· 발행처 일본 간사이 기공협회국제사업부 関西気功協会国際事業部

1992년 1월

〈한살림선언〉 첫 단행본 책자 발간 (별책: 요약본)

· 발행처 한살림모임

2002년

〈한살림선언〉 두 번째 단행본 책자 발간 (별책: 요약본)

· 발행처 (사)한살림

2010년 7월 10일

〈한살림선언〉 20주년 기념 『죽임의 문명에서 살림의 문명으로
– 한살림선언 다시읽기』 발간

· 발행처 도서출판 한살림 · 기획 모심과살림연구소

2011년 11월 1일

『죽임의 문명에서 살림의 문명으로 – 한살림선언 다시읽기』
개정판 발간(본문 일부 수정)

2014년 7월 4일

『죽임의 문명에서 살림의 문명으로』 일본어판,
『殺生の文明からサリムの文明へ』 발간

· 발행처 고베학생청년센터출판부 神戶学生青年センター出版部

2019년 8월 5일

〈한살림선언〉 30주년 기념판
『한살림선언–생명의 지평을 바라보면서』 발간

2부

한살림선언 다시 읽기

한살림세상을 희망하다

또 하나의 역사

I

〈한살림선언〉이라니요? 한살림에 무슨 '선언'이 있어요? 〈인권선언〉이나 〈독립선언〉과 같은 그런 '선언'이 한살림에 있단 말인가요?

그렇다. 한살림엔 〈한살림선언〉이 있다. 지난 1989년 한살림운동의 선각先覺들이 정리하여 발표한, 그야말로 한살림의 '정신' 또는 '영혼'이라 할 만한 선언문이 있다. 밥상과 농업을 동시에 살리는 공생의 직거래운동과 함께, 밥 한 그릇을 통하여 우리의 삶과 사회를 바꾸는 생활협동운동과 더불어, 한살림 정신의 역사가 있다.

무엇이 한살림운동의 선배들이 감히 한살림을 '선언'하게 했을까? 〈한살림선언〉은 경제 발전과 물질적 풍요를 절대선으로 여기는 산업문명의 세계관과 생활양식, 사회경제체제에 근본적인 문제를 제기했다. 신진조국이라는 구호 아래 초고속 산업화에 이어 바야흐로 소비가 미덕으로 칭송되던 당시 한국 사회에 대해, 자본주의와 사회주의가 대치하고 있는 한반도의 냉전체제에 대해, 광야의 선지자처럼 "아니다"라고 말하며 전혀 다른 세상을 선언했다.

그 열쇳말은 바로 '생명'이었다. 〈한살림선언〉은 당시 세계를 자본주의나 사회주의를 막론하고 물신숭배와 전체주의, 인간소외와 생태계 파괴가 만연하는 '죽임의 문명'이라고 보았다. 그리고 산업문명의 종언을 예고하며 '살림의 문명'을 선언하였다. 기존의 의식과 문화와 질서에 대한 각비覺非, 아니다라는 깨우침를 바탕으로 삶과 사회에 대한 새로운 이해와 통찰을 보여 주었다. 배제와 분열과 억압을 벗어나, 나와 이웃과 생태계가 더불어 행복하게 살 수 있는 '한살림'세상의 철학과 비전을 제시하였다.

'한살림'은 한 단체의 이름이기에 앞서 그 자체로 새로운 세계관을 표현한다. '한'이 전체이면서 하나인 전일성全一性, holisticity을 의미한다면, '살림'은 집안살림에서 지역살림, 나아가 지구살림에 이르는 뭇 생명의 협동적인 활동을 의미한다. 한살림은 한마디로 '전일적인 생명의 이념이자 활동'이라 말할 수 있다.

한살림운동과 〈한살림선언〉은 동전의 양면처럼 나눌 수 없는 하나의 짝이다. 〈한살림선언〉은 장차 유기농업운동과 생활협동운동, 생명문화운동 등으로 펼쳐질 한살림운동의 정신적 샘물이라고 말할 수 있다.

한살림에 운동과 실천만 있었다면 어딘가 허전했을 것이다. 한살림의 진정한 힘은 한살림 정신이 고스란히 담긴 〈한살림선언〉에 있는지도 모른다.

그런데 이렇게 훌륭한 정신을 담고 있는데도 〈한살림선언〉은 널리 읽히지 못했다. 한살림 밖에서는 생명 담론의 대표적인 문서 중 하나로 말하기도 하지만, 오히려 한살림 안에서는 점점 잊히고 있었다. 마치 장롱 속 보석처럼 꽁꽁 숨겨 놓고는 어디에 두었는지 조차 잊힐 지경이 되었다.

물론 〈한살림선언〉의 정수는 이미 '밥상살림' '농업살림' '생명살림'이라는 표어에 잘 담겨 있다. 또한 현재 조합원들 사이에서 널리 읽히는 〈한살림의 지향〉도 〈한살림선언〉의 소비자조합원 버전이라고 할 만하다. 하지만 아쉬운 마음은 어쩔 수 없다.

누구는 〈한살림선언〉이 어렵다고 하고 또한 시대가 많이 변했다고도 한다. 하지만 〈한살림선언〉을 곱씹어 보면 볼수록 오히려 시대를 앞서간 탁월한 통찰이 담겨 있음을 절감하게 된다. 이제 다시 읽고, 그 의미를 되살피는 시간이 필요한 때이다. 〈한살림선언〉을 나시 읽으면서 이런 생각과 기대를 하게 된다.

첫째, 〈한살림선언〉의 경고가 이제 현실로 나타나고 있다.
선언 이후 20년이 지난 오늘, 세상은 크게 변했다. 지구촌 한쪽에서는 탈산업사회의 모습이 보이는가 하면, 아시아와 라틴아메리카 등 저개발국가들은 산업화에 열을 올리고 있다. 그 와중에 한국 사회는 자본주의 세계체제의 맨 위층을 바라보게 되었고, 남북관계도 변화에 변화를 거듭하고 있다.

이러한 변화에도 불구하고 오늘날 〈한살림선언〉이 우리의 눈길을 사로잡는 이유는 오히려 놀랍도록 정확한 메시지 때문이다. 생태계 파괴, 인간성의 상실, 에너지자원 고갈, 문명병과 정신질환의 만연, 그리고 구조적인 경제 위기 등 20년 전 〈한살림선언〉의 경고는 이제 현실이 되었다. 기후변화는 환경대재앙을 예고하고, 에이즈와 광우병, 조류독감과 신종플루 등 괴질병들이 인류의 생존을 위협하고 있다. 세계 금융 위기로 적나라하게 드러난 지구촌의 산업주의·자본주의의 위기는 어떤 양상으로 폭발할지 아무도 알 수가 없다.

둘째, 〈한살림선언〉을 통해, 한살림운동 20년을 되돌아본다.
한살림은 이제 햇수로 25년, 늠름한 청년이 되었다. 서울에서 제주까지 방방곡곡에 지역조직이 꾸려지고, 전국적으로 20만여 명의 조합원들이 참여한 대규모 생활협동조합이 되었다. 한살림 바깥에도 수많은 생활협동조합과 유기농 생산자들이 생겨났다. 이렇듯 성장·변화한 한살림 안팎을 〈한살림선언〉을 거울로 하여 비춰 볼 때이다.

셋째, 전환의 시대, 사회적 좌표가 되기를 기대한다.
'전환'이 화두가 되었다. 언론과 전문가들도 '대전환의 시대'를 기정 사실로 말한다. 세계적인 경제 위기 속에서 신자유주의적 시장경제와 복지국가의 한계가 함께 지적되고, 모두 새로운 대안을 이야기하지만 아직 손에 잡히질 않는다.

그렇다면 한살림의 대안, 생명운동의 대안은 무엇일까? 대안으로서 가치와 생활양식, 체제를 탐색하는 우리에게 〈한살림선언〉은 새로운 영감을 준다. 대안의 원형을 보여 준다. 〈한살림선언〉이 우리 시대의 사회적 좌표를 찾는 길잡이가 되리라 믿는다.

넷째, 한살림운동의 새로운 도약을 모색한다.
사업에 묻혀 버리거나 일상에 쫓겨, 또는 너무 어렵다는 핑계로 〈한살림선언〉을 손에 들지 못했다. 어쩌면 〈한살림선언〉뿐 아니라, 〈한살림선언〉에 담긴 한살림 '정신'마저도 소홀히 했는지도 모른다. 이제 다시 〈한살림선언〉을 펼치며 한살림세상이 되는 그날을 꿈꾼다.

〈한살림선언〉은 분명 밥상살림, 농업살림, 그리고 도농직거래운동과 더불어 한살림의 살아 있는 역사이다. 〈한살림선언〉은 또한 한국 생명운동과 한살림운동의 '오래된 미래'다. 〈한살림선언〉 20년, 깊고 넓은 〈한살림선언〉의 정신과 비전을 창조적으로 되살려, 미래를 새롭게 그려 보고 그 정신을 사회적으로 펼쳐 내는 계기가 되기를 기대한다.

한살림선언의 탄생

I

〈한살림선언〉은 어두운 시절 외마디 항거로 낭독되던 정치적 성명서가 아니다. 〈한살림선언〉은 어느 날 문득 '발표'되지 않았다. 〈한살림선언-생명의 지평을 바라보면서〉는 '탄생'했다. 모든 생명이 그러하듯 〈한살림선언〉의 탄생을 위해서는 어머니와 아버지가 있었고, 어머니의 아버지, 아버지의 어머니의 역사가 있었다.

앞서 이야기한 것처럼 〈한살림선언〉과 한살림운동은 한몸이다. 〈한살림선언〉이 마음이라면, 운동과 조직으로의 '한살림'은 몸이다. 정신과 물질의 이분법이 아니라, 몸과 마음(맘)을 합친 '뫔'이라는 글자처럼 둘이면서도 하나이다.

"유기농업운동과 생활협동운동을 통해 가능성을 확인한 한살림의 정신과 지향을 사회운동 전반으로 확산하고, 새로운 시대를 열어 갈 좌표를 천명하기 위하여 '한살림모임'이 만들어지고, 한살림선언을 하게 되었다." 한살림운동의 20년 역사를 서술한 《스무 살 한살림 세상을 껴안다》에서는 〈한살림선언〉 탄생 배경을 이렇게 설명한다.

〈한살림선언〉은 1989년 10월 29일 대전 신협 연수원에서 열린 한살림모임 창립총회에서 발표되었다. 한살림모임은 유기농산물의 직거래를 매개로 생활공동체운동을 펼치는 '한살림공동체소비자협동조합(한살림소협)'과 별도로 생명문화운동을 본격화하기 위해 발족했다. 한살림소협이 생활·경제운동조직이라면 한살림모임은 정신·문화운동조직인 셈이다.

한 톨의 쌀이 생겨나기 위해서는 우주 삼라만상의 인연이 모아져야 하듯, 〈한살림선언〉도 마찬가지이다. 〈한살림선언〉을 발표하기에 앞서 1년여 동안 공동체운동과 협동운동, 생태주의와 녹색운동, 동학을 비롯한 전통사상 등 다양한 분야에 걸쳐 공부모임을 가졌다. 세계사의 흐름을 살피고 동서의 철학사상과 사회운동을 검토한 셈이다. 그러나 그것은 탄생 일화 중 하나일 뿐이다. 〈한살림선언〉이 태어나기 위해서는 오랜 산고가 있었다. 특히 원주지역의 오랜 민중운동과 협동운동, 1970~80년대 사회운동과 민주화운동의 역사가 곧 〈한살림선언〉의 탄생 배경이 되었다.

그렇지만 다른 모든 일이 그렇듯이 관건은 사람이다. 결국 새로운 생명을 포태하고 기르는 일 말이다. 1970~80년대 민주화운동의 정신적 지도자였던 원주의 고(故) 무위당 장일순 선생, 시대를 대표하는 저항시인이자 생명사상가인 김지하 시인, 열렬한 사회운동가이

자 〈한살림선언〉을 대표 집필한 최혜성 선생, 그리고 1986년 창립 때부터 오늘에 이르기까지 한살림의 역사 그 자체였던 고 박재일 회장이 함께 정리해 발표한 게 〈한살림선언〉이다. 그들뿐만이 아니다. 한살림모임을 만들고 〈한살림선언〉을 작성하기까지 수많은 사람이 함께했다. 〈한살림선언〉을 발표하던 그날, 이름만 들으면 금방 알 만한 생명운동가 60여 명이 자리를 지켰다.

〈한살림선언〉은 한살림모임이 있었기에 태어날 수 있었다. 한살림모임은 그 뒤 6년여 만에 여러 가지 사정으로 해산하여 현재 사단법인 한살림과 한 몸이 된다. 하지만 한살림모임의 알갱이는 고스란히 〈한살림선언〉에 담겨 있고 그 정수가 한살림운동으로 전해지고 있으니 할머니·할아버지의 몫을 다했다고 해야 할 것이다.

시대 상황

I

〈한살림선언〉이 발표되던 1989년, 우리 사회는 1987년 6월항쟁 이후 다소 완화되었다지만 군사독재정권의 어두운 그림자가 여전히 드리워져 있었고, 세계적으로는 구소련의 개혁개방 이후 동구권 사회주의가 무너져 가고 있었다. 하지만 그것은 눈에 보이는 겉모습일 뿐, 나라 안팎으로 근본적인 변화의 징후가 나타나고 있었다.

우선 한국 사회는 6월항쟁 이후 정치적 민주화가 두드러진 시기였지만 이와는 또 다른 차원에서 한국 사회는 새로운 단계에 접어들고 있었다.

당시 한국 경제는 국가(군사독재)가 밀어주고 재벌이 이끄는 산업화가 일정한 성과를 내던 때였다. 산업화의 성공신화 속에서 경제성장의 과실을 따 먹는 대중소비시대가 열리고 있었다. 1988년 서울올림픽은 그것을 극적으로 연출하고 또 보여 주었다. 더불어 억눌렸던 노동운동이 폭발적으로 성장하였다. 그 결과 경제적 권리와 이익 투쟁이 활발해지고 이는 일정한 소득 수준 향상으로 이어져 '소비하는 대중'이 등장하게 되었다.

또한, 민주정부 수립 실패의 좌절을 겪어야 했지만 사회운동은 절정의 시대를 맞고 있었다. 반독재투쟁의 기조 속에서 노동운동과 통일운동이 전개되고, 환경과 경제정의 등 새로운 의제와 부문으로 사회운동은 진화와 확산을 거듭하였다.

이러한 사회운동의 격류 가운데서 〈한살림선언〉은 사실 무모할 정도로 당시 사회운동의 주된 흐름과는 궤를 달리하고 있었다. 〈한살림선언〉의 시선은 전혀 다른 곳에 있었던 것이다.

한편 1989년 국제 정세는 요동치고 있었다. 1985년, 구소련의 사회주의 개혁개방 정책 여파로 동구는 이미 사회주의 붕괴의 도미노 현상이 벌어지기 시작했다. 하지만 동구 사회주의권의 핵심축인 소련과 동독이 건재하여 2년 후 세계가 목격하게 될 사회주의권의 '갑작스러운 몰락'을 예상하기는 어려웠다.

막바지에 이른 냉전체제가 아직 끝나지 않은 시점에서 사회주의·공산주의는 단지 이념의 문제가 아니라 현실에서 극복해야 할 또 하나의 대상이었다. 특히 남북분단체제의 한국으로선 더욱 그랬다.

또 하나 주목해야 할 점은 영미를 중심으로 한 신자유주의의 등장이다. 동구권 붕괴를 강하게 추동했던 레이건의 미국과 대처의 영국은 신자유주의 정책을 내세워 밀어붙이고 있었다. 즉 기존의 적극적인 정부의 역할 속에 복지국가의 풍요를 누리고 있던 서유럽이 자본의 구조적인 위기와 경제 불황을 타개하기 위해서 민영화와 규제 철폐로 대표되는 시장 자유주의를 전면에 내세우게 된 것이다. 결과적으로 동구권의 붕괴와 시장경제의 도입도 신자유주의적 세계화의 한 과정이 되었다.

요컨대 〈한살림선언〉이 발표된 1989년의 국내외 정세는 산업문명이 절정을 향해 가면서 다가올 대변화의 징후가 예감되던 시기였다.

한살림선언의 사상적 배경

I

'선언'이란 말의 무게만큼이나 〈한살림선언〉의 내용은 넓고 심오하다. 그 속엔 간단치 않은 철학 담론과 문명사를 꿰뚫는 통찰이 담겨있다. 특정 정파는 물론 민족이나 국가의 차원도 넘어선다. 동서양의 종교와 철학, 그리고 현대 사조와 사회 흐름을 망라한다. 이렇듯 〈한살림선언〉의 사상적 배경은 전 지구적이며 동시대적이었다.

그러다 보니 내용이 어렵고 이해가 쉽지 않은 점도 있다. 특히 낯선 용어들 때문에 쉬 읽히지 않는다는 지적도 있다. 그렇지만 사실은 이들 용어 속에 〈한살림선언〉의 사상적 배경과 열쇳말이 숨겨져 있다. 이들은 〈한살림선언〉으로 들어가는 출입문과 같은 역할을 한다.

〈한살림선언〉의 배경이 된 사상은 크게 세 가지로 말할 수 있다. 이는 〈한살림선언〉 발표 당시 김지하 시인과 최혜성 선생 등이 참석하여 〈한살림선언〉의 의미를 나누었던 좌담에서도 나온 얘기다. 첫째, 20세기에 나타난 새로운 과학사상. 둘째, 서구의 녹색운동. 셋째, 동학사상이다.

이 세 가지 사상적 배경은 '생명'을 화두로 하여 하나로 통하면서도 서로를 보완한다. 새로운 과학의 성과는 생명의 세계관의 논리적 근거가 되며 서구 녹색운동의 경험과 연결되어 있다. 또한, 동학을 비롯한 동아시아의 전통사상은 생명의 세계관과 생활양식을 우리의 언어로 설명하고 표현해 준다.

새로운 과학사상: 신과학운동

생명의 세계관과 최신 과학이론, 다소 어울리지 않는 조합 같지만 사실은 찰떡궁합이다. 〈한살림선언〉은 '산업문명'의 위기가 근본적으로 '기계론적 세계관'에서 기인한다고 본다. 그리고 이러한 세계관은 뉴턴과 데카르트가 상징하는 고전역학의 패러다임에서 비롯됐다고 본다. 〈한살림선언〉은 이를 극복하기 위한 대안의 실마리를 현대과학의 성과에서 찾고 있다.

앞서 말한 것처럼 '새로운 과학사상'은 〈한살림선언〉이 펼쳐 내는 '생명의 세계관'의 근거가 된다. 새로운 과학이라는 배경이 없었다면 〈한살림신인〉은 그저 당위적 주상에 그쳤을지도 모른다. 〈한살림선언〉은 "새로운 과학에서 이론적 전거를 탐색해 왔다"고 분명하게 밝히고 있다.

그런데 여기서 말하는 '새로운 과학'이란 주로 '신과학운동'의 사상과 이론을 말한다. 신과학운동은 1970년대에 미국에서 시작된 일종의 문화운동으로, 《녹색정치》의 공저자이며 《생명의 그물》의 저자인 프리초프 카프라$^{Fritjof\ Capra}$가 쓴 《새로운 과학과 문명의 전환》과 같은 책은 한국의 지식사회에도 신선한 자극이었다.

신과학운동 이론의 기초는 20세기 이후 새로운 과학적 성과들이었다. 그중에서도 특별히 불확정성의 원리를 밝힌 양자역학, 무질서에서 새로운 질서가 창발되는 과정을 밝힌 혼돈이론, 자연선택보다 생명계의 자기생산과 공진화^{共進化}를 강조한 진화생물학, 물질과 생명, 마음 사이의 새로운 관계를 깨우쳐 준 인지과학 등이 중요하게 인용된다.

신과학운동이 이들에게서 주목한 철학적 관점은 크게 세 가지이다. 〈한살림선언〉의 관심도 바로 이 점에 있다.

첫째, 전일적 관점이다. 한마디로 세계는 분할할 수 없는 하나의 살아 있는 전체라는 생각이다. 나누어 최소 단위로 환원하려는 순간 전체로서의 생명의 본성은 사라지고 없다. 불확정성의 원리는 주체와 객체의 분리가 불가능함을 보여 주고, 프랙탈이론은 부분은 전체를 비추고 전체는 부분을 반영한다는 것을 보여 준다.

둘째, '자기조직화' 혹은 '자기생산'이라는 생명 진화에 대한 새로운 관점이다. 기존의 진화이론은 한마디로 자연선택, 적자생존으로 표현된다. 외부 환경에 잘 적응하거나 경쟁에서 이긴 종(種)만이 살아남을 수 있다는 이야기이다. 결국 생명은 수동적이며 경쟁은 불가피하다. 그러나 새로운 진화론은 자기선택과 공생을 강조한다. 자연이라는 외부 환경과의 관계 속에서 영향을 주고받으며 스스로 선택해 나간다는 것이다. 그래서 새로운 진화의 이론을 주장하는 과학자들은 '공생 진화'와 '협동 진화'를 강조한다. 공진화라는 말 자체가 그 의미를 잘 드러낸다. 환경과 생명주체의 관계가 배타적인 것이 아니라, 상호작용을 하며 더불어 진화해 나간다는 말이다.

셋째, 비결정론적 관점이다. 이른바 유토피아를 염두에 둔 목적론적 세계관, 그리고 역사는 항상 발전·진보한다는 발전 사관 또는 진보 사관에 대한 강력한 반론이며 직선적 시간관·역사관에 대한 비판이다. 새로운 진화론을 내세운, 칠레에서 태어난 신경생물학자 마투라나(Humberto Maturana)와 바렐라(Francisco Varela)는 《인식의 나무》에서 진화를 '자연적 표류'라고 말한다. 혼돈이론의 창시자 일리야 프리고진(Ilya Prigogino)은 《혼돈으로부터의 질서》, 《확실성의 송말》이란 책을 쓰기도 했다. 삶과 세계는 매 순간 창조이며 미래는 결정되어 있지 않다는 것이다. 그렇다고 인생이 무의미한 것은 아니다. 오히려 불확실성은 인생의 가장 큰 축복이다. 인간은 태어남 그 자체로 우주적 파장의 주인공이 된다.

신과학운동은 이렇듯 새로운 과학적 성과에 기초하여 이른바 뉴턴-데카르트 패러다임을 비판적으로 성찰한다. 또한 산업사회의 생산력주의와 기술지상주의를 비판하고, 인간과 자연의 조화 가능성을 탐색해 왔다. 이러한 철학과 관점은 고스란히 〈한살림선언〉에 담겨 있다.

유럽의 녹색운동

이제는 너무나 익숙한 말이 되었지만, 20여 년 전 '녹색'은 참으로 낯선 단어였다. 특히 산업화가 지상 과제였던 한국 사회에서 경제 성장을 비판하며 자연·생태를 강조하는 '녹색'의 문제 제기는 다소 엉뚱하게 보였을 것이다. 진보적이라는 사회운동 쪽에서도 마찬가지 반응이었다. 먹고살기도 힘든데 웬 환경이냐는 식이었다.

그만큼 〈한살림선언〉 필자들이 시대를 앞서갔다는 것이다. 독약의 다른 이름인 농약을 대량 살포하여 땅과 다른 생명체와 농민을 죽이는 산업화한 농업, 즉 상품농업을 보면서 생명운동의 선각들은 근대 산업문명의 반생태적 본질을 꿰뚫어 보았다. 그런데 그런 생각과 실천들을 우리보다 먼저 산업화를 이룬 서구에서는 이미 시작하고 있었다.

서구의 녹색운동은 이미 1970년대에 '성장의 한계'를 천명하며,

발전의 척도는 경제가 아니라 인간이라고 선언한 바 있다. 아마도 이러한 인식은 한살림의 선배들에게 커다란 영감을 주었을 것이다. 환경 파괴와 핵무기에 결연히 저항하는 녹색의 전사들에게서 대안과 희망의 에너지를 발견했을 것이다.

녹색운동이 더욱 중요하게 다가왔던 이유는 청색과 적색을 한꺼번에 뛰어넘는 새로운 차원의 전망을 발견했기 때문이다. 서구에서 청색과 적색은 각각 자본주의와 사회주의의 상징이었다. 그런데 녹색운동은 이 둘을 통합하면서 동시에 넘어서는 제3의 대안을 제시했다.

지금도 마찬가지지만, 자본주의체제와 사회주의체제로 나뉘어 첨예하게 대치하고 있는 한반도 상황에서 분단의 극복은 절대적인 과제였다. 하지만 한쪽이 다른 한쪽을 배제하거나 흡수하는 통일은 전쟁과 공멸로 귀결될 수밖에 없다. 그 때문에 통일의 새로운 지평이 절실했고, 녹색운동은 이렇듯 새로운 차원의 틈새를 보여 주었다.

또 한 가지, 녹색운동을 통해 사회운동의 새로운 가능성을 발견할 수 있었다. 산업문명의 폐해를 앞서 절감한 서구에서는 세계관의 전환뿐 아니라, 실천에서도 중요한 성과를 보여 주고 있있다. 내중적인 환경운동과 평화운동, 대안생활공동체와 녹색정당 등 생태학적 세계관은 실질적인 정치 사회적 대안이 되었다. 더불어 생태주의 외에도 풀뿌리민주주의와 비폭력원칙 등 대안적 사회운동의 새로운 지평을 열어 주었다.

서유럽에서의 녹색정치운동도 큰 의미로 다가왔을 것이다. 1980년 동·서독 시절 서독에서 녹색당이 창당되고 3년 뒤 연방의회에 진출하면서 전 세계에 신선한 충격을 주었다. 자유주의정당과 사회주의정당 등 기존의 정치 질서 자체에 근본적인 문제를 제기했던 녹색당의 존재와 일정한 성공은 〈한살림선언〉의 필자들에게도 생명사상의 지구적 보편성과 녹색의 현실화 가능성을 확인케 하였을 것이다. 이렇듯 서구 녹색운동의 성과는 〈한살림선언〉에 커다란 영감과 자신감을 주었고 구체적인 운동 프로그램을 만드는 데도 도움이 되었다.

전통사상과 동학

〈한살림선언〉의 가장 탁월한 점은 대안적 세계관과 전망을 우리의 역사와 사상 속에서 찾고 있다는 점이다. 동아시아의 전통사상, 특히 우리나라 고대의 한사상 혹은 하늘님사상과 신라에서 유행한 선도道의 일종인 풍류도風流道, 근세의 후천개벽사상과 동학 등에서 대안적 세계관의 원형을 발견했다는 것은 정말 놀라운 '사건'이라고 말할 수 있다. 한국의 현대 지성사가 사실상 서구의 모방에 머물렀다는 점을 생각하면 더욱 그렇다.

앞서 얘기했던 신과학이나 녹색운동도 동양사상과 깊은 친화성을 가지고 있다. 서구에 젠^{zen}이라고 불리는 선禪 수행과 다양한 명상 프로그램이 널리 소개되었으며, 많은 사람이 불교와 노장사상 등을 깊이 이해하고 있었다.

그런데 〈한살림선언〉은 그 이름에서부터 '한살림'이라고 하여 우리의 언어로 심오한 생명의 세계관을 쉽게 표현하고 있다. 이때의 '한'이 바로 고대의 한사상에서 가리키는 한으로, '하나'이면서 '여럿'이고, '개체'이면서 '전체'이기도 한 전일적全一的 세계관을 잘 표현하고 있다. 또한, 이 세계가 하늘天, 땅地, 사람人이라는 세 가지 차원으로 구성되었다고 설명하는 삼재론三才論도 '한'의 확장으로 한사상의 맥락에서 이해할 수 있다. 접화군생接化群生이라는 말은 삼국시대 풍류사상에서 온 것인데, 역시 뭇 생명과의 관계성을 잘 드러내 보인다.

특히 삼재론은 〈한살림선언〉에서 구조를 이해하는 기본틀이라고 할 수 있다. 하늘, 땅, 사람이라는 생명세계에 대한 인식에서부터 우주적 각성, 생태적 각성, 사회적 각성이라는 성찰의 구조에 이르기까지 그렇다.

동학사상은 고대 한사상부터 근세에 이르는 생명론적 사유를 집약해 보여 주고 있다. 때문에 한살림선언은 "한살림 가치관은 동학의 생명사상에서 사회적·윤리적·생태적 기초를 발견했다"고 말할 정도로 그 의미를 높게 평가한다. 물론 여기서 동학은 특정한 제도 종교가 아니라, 하나의 사상이다.

동학은 조선 말 1860년 수운 최제우가 창도하고 해월 최시형에 의해 뿌리를 내린 민족종교이다. 또한, 잘 알려져 있듯이 1894년 발생한 동학농민혁명의 주체로서 근대 우리 역사에 결정적인 영향을 끼쳤다.

동학이라고 하면 "사람이 곧 하늘이다" 즉 인내천人乃天을 떠올리지만, 그 원형은 바로 시천侍天, 양천養天, 체천體天의 '한울님天' 사상이다. 즉 인간을 비롯한 이 세상의 모든 생명, 심지어는 물건까지도 한울님을 '모시고 있으며侍, 모심' '길러야 하고養, 기름' '구현해야體, 살림' 한다는 것이다. 이때 '한울님'이란 표현은 하늘을 인격화한 것일 뿐, 실제 의미는 생성되는 '우주의 질서', 즉 '무궁한 생명의 질서'를 뜻한다.

특히 '모심侍'은 동학사상의 진수를 담고 있다. 수운 최제우는 동학의 21자 주문至氣今至 願爲大降 侍天主 造化定 永世不忘 萬事知을 한 자 한 자 해설하고 있는데, 시侍에 대해서 이렇게 설명한다. "시라는 것은 안으로 신령함이 있고, 밖으로 기화가 있어, 온 세상 사람들이 각각 알아서 옮기지 않는다侍者 內有神靈 外有氣化 一世之人 各知不移者也." 무위당 장일순 선생이나 김지하 시인은 모심 안에 생명세계의 진리와 생명사상의 정수가 들어 있다고 말한다.

김지하 시인은 특히 이 안에 가톨릭 신부이면서 진화생물학자인 테이야르 드 샤르댕Pierre Teihard de Chardin이 말한 진화의 3법칙 ①내면의 의식화^{inward consciousness} ②외면의 복잡화^{outward complexity} ③군집의 개별화^{union differentiates}의 내용이 탁월하게 담겨 있다고 말한다. 특히 개체의 역할을 강조하는 동학의 각지불이^{各知不移}는 오히려 군집의 개별화라는 근대적 진화론을 넘어선다고 강조한다.

생태사상으로서 동학사상은 천지가 곧 부모라는 '천지부모^{天地父母}', 그리고 모든 생명의 순환관계를 표현한 '이천식천^{以天食天}, 한울로써 한울을 먹는다'에서 잘 드러난다. 여기서 한울은 생명의 다른 말이라고 볼 수 있다. 동학에서는 사람을 비롯한 모든 생명이 한울님을 모신 존재이니까 말이다. 요컨대 이천식천은 생태계의 '먹이연쇄'처럼 생명세계의 순환적 상호작용을 표현하고 있는 것이다.

사람이 곧 하늘이요, 사람을 한울님처럼 모시라는 동학의 사상은 엄격한 신분 사회였던 그 당시로써는 가히 혁명적이라고 할 수 있다. 이러한 만민평등, 생명평등사상에 기초해 동학의 사회적 전망을 구체적으로 보여 주는 것이 개벽사상이다. 조선 말 민초들은 그야말로 초근목피로 연명하던 시절이었다. 거기에 전염병과 서구 열강의 침탈 등등 세상이 뒤집히기를 바랄 수밖에 없는 상황이었다. 균형과 조화의 생명질서가 무너져 버렸으니 새로운 생명세계를 재창조해야 했다. 메시아에 대한 기대, 새 하늘 새 땅에 대한 열망이 너무도 당연한 시대였다. 구시대적 질서^{先天}가 가고 새로운 시대^{後天}가 오기를 고대하였는데 그것이 바로 후천개벽이다.

그런데 '개벽'은 먼 훗날의 일이 아니다. 미래를 위해 오늘의 희생을 감내할 일이 아니다. 그 이치를 함축한 말이 향아설위向我設位다. 향아설위는 한자 뜻 그대로 제사상의 위패와 밥상을 벽을 향해 두는 게 아니라 나를 향해 놓는 것이다. 저승의 조상을 향해 숟가락을 놓는 게 아니라 이승의 나를 향해 놓는다. 과거나 미래가 아니라 현재가 중요한 것이다. '현재'의 내 안에 과거가 응축되어 있고 미래가 내포되어 있기 때문이다. 그러므로 개벽은 '지금 여기'서 일어나는 내면의 혁명이다. 순간순간 한 세계가 열리는 창조의 과정이다.

마지막으로 한살림운동과 관련하여 동학사상 전체를 함축적으로 보여 주는 말이 있다. "밥이 하늘이다." 한살림의 캐치프레이즈라 할 수 있는 이 말도 동학에서 온 말이다. 이를 풀어 말하면 "만사를 안다는 것은 밥 한 그릇을 먹는 이치를 아는데 있다萬事知食一碗"는 뜻이다. 한 그릇의 밥 안에는 사람의 땀과 햇볕과 비와 바람, 심지어 농기계라는 산업문명과의 인연마저도 녹아 들어가 있다. '밥 한 그릇'은 사회적 협동의 산물이며 생태적·우주적 작용의 결과인 것이다. 그러나 다른 한편 산업화한 '밥 한 그릇'은 거꾸로 석유에서 뽑아낸 농약과 화학비료가 뒤범벅된 반생명의 집약이기도 한다. 그러니 밥 한 그릇을 통해 세상의 이치를 알 수 있고, 밥상 혁명을 통해 세상을 바꿀 수 있다는 말이 나오는 것이다. 조금만 생각하면 알 수 있는 이야기이지만, 조상들의 지혜가 참으로 놀랍다.

선언의 구성과 내용

I

〈한살림선언〉을 읽어 보면 구성에서 재미난 규칙성을 발견하게 된다. 마치 7·5조 한시처럼, 전체적으로 5개의 장에 각각 7개의 항목으로 구성되어 있다.

1장 산업문명 진단에서 시작해, 기존의 세계관을 비판적으로 검토하고, 대안으로 전일적 생명의 세계관과 인간관을 제시한다. 그리고 마지막으로 한살림이라는 전망과 운동 방향을 보여 주는 것으로 결론을 맺고 있다.

〈한살림선언〉은 한마디로 새로운 세계관운동을 천명하고 있는 셈이다. 산업혁명과 근대과학의 이데올로기인 낡은 기계론적 세계관에서 벗어나, 세계를 살아 있는 유기적 전체로 인식하는 생명의 세계관이 우리의 삶과 문명의 미래를 좌우할 것이라고 주장한다. 특히 〈한살림선언〉은 남북의 체제 대립과 현실사회주의가 엄존하는 상황 속에서 자본주의와 사회주의를 모두 비판하며 이를 동시에 넘어서는 새로운 차원의 사회적 전망을 강조한다. 자본주의와 사회주의는 산업문명이 만들어 낸 이란성 쌍둥이다.

1장 산업문명의 위기: 시대 인식

1장은 〈한살림선언〉의 시대 인식을 보여 준다. 우선 현재 우리가 사는 이 시대를 '산업문명'이라고 규정한다. '현대'나 '근대', 혹은 '냉전체제'나 '자본주의 세계체제'라고 하지 않고 '산업문명'이라고 말한다.

그리고 '위기'라고 규정한다. 어떤 이들은 '산업화·민주화 시기'라고도 하고 '진보의 시대'라고도 하는데, 〈한살림선언〉은 '위기'라고 단정한다. 그것도 아주 지독한 위기. 정치적 위기 혹은 체제의 위기 정도가 아니라, 문명의 위기라고 한다. 문명의 생장성쇠^{生長盛衰}라는 관점에서 본다면 쇠퇴기 혹은 새로운 문명으로의 전환기라고 해야 할 것 같다. 〈한살림선언〉은 아래와 같이 일곱 가지의 대표적인 위기의 증후군을 적시한다.

첫째, 핵 위협과 공포다.
둘째, 자연환경의 파괴이다.
셋째, 자원 고갈과 인구 폭발이다.
넷째, 문명병의 만연과 정신 분열적 사회현상이다.
다섯째, 경제의 구조적 모순과 악순환이다.

여섯째, 중앙집권화된 기술관료체제에 의한 통제와 지배이다.

일곱째, 낡은 기계론적 세계관의 위기이다.

우리가 오늘날 겪고 있는 공포와 위기감이 예사롭지 않다. 기후변화와 에너지 위기, 광우병과 조류독감, 신종 인플루엔자 등 괴질병의 만연, 자살의 급증, 공황에 가까운 세계 금융 위기 등을 목격하며 20년 전의 경고가 오히려 섬뜩하다.

그것은 이를테면 '산업문명'이라는 자식이 '생명질서'라는 부모를 죽이는 패륜의 위기이다. 산업문명은 '죽임의 문명'이다. 전체주의적 억압과 돈이라는 괴물이 "인간을 인간답지 않게, 사회를 사회답지 않게, 자연을 자연답지 않게 만들고 있다"는 것이다. 또한 "인간은 본성을 잃어버린 채 참된 '자기'로부터 소외되어 있으며, 공동체를 상실한 채 '이웃 사람'과 고립되어 있고, 그 생존의 모태인 '자연'과 단절되어 '죽임'을 강요당하고 있다"는 것이다. 한마디로 말하면 '관계의 단절'이다. 관계성은 생명계의 본질인데도 말이다. 결국, 관계의 단절은 반생명의 증거다.

산업문명 비판은 물론 극단화되는 자본주의에 대한 비판이기도 하다. 〈한살림선언〉에 따르면 자본주의 사회에서 인간은 "상품을 소비하기 위해 영혼과 육체, 지식과 노동을 상품으로 파는 소외된 존재", "부품과 계량적 단위"로 전락해 버렸다.

물론 산업문명이 무조건 잘못이라는 말은 아닐 것이다. 산업문명은 과학기술을 획기적으로 발전시키고 인류에게 물질적 풍요를 선물했으며 신분의 굴레에서 해방했다. 하지만 산업문명은 인간과 자연을 경제와 상품으로 환원시켰다. 그리고 그 결과는 인간성 상실과 자연 생태계의 파괴로 이어졌다. 모든 생명 과정이 그러하듯 새로운 시대가 오고 있는데 기존의 사회조직, 가치체계만을 고집한다면 몰락을 피할 수 없을 것이다.

2장 기계론적 모형의 이데올로기: 기계론적 세계관 비판

2장에서는 산업문명의 세계관적 기초가 된 기계론적 이데올로기를 비판적으로 검토한다. 일종의 세계관 비판이라고 할 수 있다.

세계관은 말 그대로 '세계를 보는 관점'이다. 검은색 안경을 쓰면 세상이 검게 보이고 파란색 안경을 쓰면 세상이 파랗게 보이듯 세계관에 따라 세상을 보는 눈이 달라진다. 기계론적 세계관이란 인간과 사회의 구조와 원리가 기계적 질서와 크게 다르지 않다고 보는 태도이다. 세계는 부품의 조합이며 인과법칙에 의해 작동되는 거대한 기계적 시스템이라는 것이다.

〈한살림선언〉에 따르면, 산업문명의 세계관은 분석적 합리주의와 실증주의적 과학에 기초한다. 그 내용을 살펴보면 다음과 같다.

첫째, 과학만이 진리에 이르는 유일한 길이라는 신념이다.

둘째, 실재實在를 이원론적으로 분리해서 보는 존재론이다.

셋째, 물질과 우주를 기계 모형으로 보는 고전역학이다.

넷째, 생명현상을 유기적으로 보지 않는 요소론적 생물관이다.

다섯째, 인간 정신을 기계 모형으로 보는 영혼 없는 행동과학과 육체 없는 정신분석이다.

여섯째, 직선적인 성장만을 추구하는 경제이론이다.

일곱째, 자연을 지배와 정복의 대상으로 보는 반생태적 자연관이다.

근대 서구의 실증주의는 말 그대로 눈에 보이는 것, 관찰과 실험으로 검증할 수 있는 것만 믿을 수 있다는 생각이다. 때문에 실증주의는 자연스럽게 분석적 방법론으로 이어지고, 다시 요소 환원주의로 연결된다. 세계는 더는 쪼갤 수 없는 원자와 같은 궁극적인 요소로 구성된다고 본다. 거꾸로 모든 사물과 세계는 하나의 요소로 환원될 수 있다고 믿는다. 그렇게 보면 나무도 인간도 다 같은 원자의 조합인 셈이다.

기계론적 세계관은 뉴턴의 고전역학에 바탕을 두고 데카르트 등에 의해 확립되었다. 시계는 기계론적 세계관의 대표적인 상징이다. 세계는 일정한 규칙성을 가지고 각 부품의 정교한 조립에 따라 작동된다. 물론 기계는 의식이 없다. 즉 살아 있지 않다. 자신을 인식하지도 못하고 자신을 생성하지도 못한다. 외부의 힘에 의해서만 움직일 수 있다. 오직 살아 있는 것은 신과 그 신에 의해 영혼을 부여받은 인간뿐이다.

그런데 그 인간조차도 이분법적 존재로 본다. 육체와 정신, 문명과 자연, 정신과 물질, 이성과 감성, 개인과 사회처럼 기계적으로 분리해서 보고 있다. 지금도 우리 사회에서나 지구촌 어디에서든 극단적 이분법을 목격한다. 선과 악의 이분법. "나는 선이고 너는 악이다."

또한, 기계론적 세계관은 결정론이기도 하다. 인과법칙에 따라 미래는 예측 가능하며 알 수는 없다 하더라도 이미 결정되어 있다고 본다. 역학적 계산식에 의해, 즉 질량이 일정한 물체의 위치와 속도를 정하면 그 앞뒤의 운동 결과를 예측할 수 있다는 것이다. 아무리 복잡한 구조라 하더라도 계산식만 알고, 조건만 명확히 입력하면 미래는 예측할 수 있고 통제할 수 있다고 본다. 역사나 개인의 운명마저도 그런 식으로 보려 한다.

이런 생각은 산업혁명을 추동한 과학기술에 대한 맹신에서 비롯되었다. 자본주의뿐 아니다. 사회주의 역시 '과학적'이라는 수식어를 붙여 진리를 독점하려 했다.

기계론적 관점에서 인류 사회 최고의 가치는 물질 생산능력이다. 과학기술을 토대로 하는 생산력의 발전은 진보이고 선한 것이며, 무한한 경제성장은 불가피하며 또 가능하다고 본다. 따라서 자연과 생태계에 대한 고려는 애초부터 없다. 자연은 개발의 대상, 개조의 대상일 뿐이다. 어쩌면 오늘의 생태 위기는 필연적이었는지도 모른다.

3장 전일적 생명의 창조적 진화: 생명의 세계관

산업문명의 기계론적 세계관에 대해 '전일적인 생명의 세계관'을 천명한다. 기계와 생명을 극적으로 대비시켜 생명의 특성을 간접적으로 드러낸다.

첫째, 생명은 '자라는 것'이고 기계는 '만들어진 것'이다.
둘째, 생명은 부분의 유기적 '전체'이고 기계는 부품의 획일적 '집합'이다.
셋째, 생명은 '유연한' 질서이고 기계는 '경직된' 통제이다.
넷째, 생명은 '자율적'으로 진화하고 기계는 '타율적'으로 운동한다.
다섯째, 생명은 '개방'된 체계이고 기계는 '폐쇄'된 체계이다.
여섯째, 생명은 순환적인 '되먹임고리'에 따라 활동하고 기계는 직선적인 '인과연쇄'에 따라 작동한다.
일곱째, 생명은 '정신'이다.

생명을 한마디로 정의할 수는 없다. 동학을 창도한 수운 최제우도 동학의 21자 주문을 설명하면서 '하늘天'은 아무런 설명도 붙이지 않았다. 신의 존재를 실증적으로 증명하려는 시도가 부질없는 일이듯 말이다. 그래서인지 〈한살림선언〉은 기계론적 관점과의 비교를 통해 생명세계의 특성을 드러내려 한 것 같다. 4장에서도 언급하겠지만, 〈한살림선언〉에 따르면, 한울(하늘)님은 "이해의 대상이 아니라 그 안에 동참하면서 체험할 수밖에 없는 것"이라고 한다.

이렇듯 생명을 정의할 수는 없지만, 생명의 특성을 말할 수는 있다. 〈한살림선언〉은 기계와 비교하여 7가지 생명의 특성을 말한다. 그것을 정리하면 다음과 같다.

첫째, 생성성生成性이다. 생성성이란 말은 잘 쓰이지 않지만, 그 의미 파악은 될 것이다. 생명은 외부의 힘으로 만들어지는 것이 아니라 스스로 자라난다. 진화생물학에서는 이를 일러 자기생성, 혹은 자기생산이라고 말하기도 한다.

둘째, 전체성이다. 유기적 전체란 각 개체생명은 스스로 온전하면서도 전체와 연결되어 있다는 말이다. 또한, 전체성이란 개체의 단순한 합을 넘어서는 새로운 차원을 구성한다는 뜻이기도 하다.

셋째, 유연성이다. 기계는 만들어진 상태, 입력된 프로그램에 따라 움직일 뿐이다. 상호작용으로 스스로 변화하는 융통성과 유연성을 가지지 못한다. 생명은 주위 환경과 다른 생명에 대해 부드럽게 적응 변화시켜 나간다.

넷째, 자율성이다. 기계가 외부의 힘으로 역학적으로 운동하는 데 비해 생명은 스스로 결정하고 스스로 변화한다. 자율성은 생명의 가장 큰 특징 중 하나이다.

다섯째, 개방성이다. 시계의 예가 보여 주듯 기계는 주위 환경에 폐쇄적으로 독립되어 있다. 반면에 생명은 혹은 다른 차원의 생명계에 대해 사방팔방으로 연결되어 있다. 우리의 삶터는 지역생태계에, 지역생태계는 지구생태계에, 그리고 지구생태계는 태양계에, 태양계는 은하계에, 그리고 은하계는 팽창하는 우주에 열려 있다.

여섯째, 순환성이다. 피드백이란 원인과 결과의 상호작용에 의한 일종의 '자동 조절 원리'를 말하는데 이 과정은 순환적이다. 생명체의 항상성은 이렇듯 순환 때문에 유지된다. 반면에 기계의 작용은 원인과 결과, 입력input과 출력output으로만 드러난다.

일곱째, 정신성精神性이다. 그렇다. "생명의 본질은 정신"이다. 인류의 위대한 스승들도 생명의 본질은 정신 혹은 영혼이라고 말했다. 물론 인간과 동물과 식물 등의 범주에 따라, 또 무한히 많은 개체생명 하나하나가 각기 다른 정신의 차원을 지니고 있다고 한다.

인간이 진화의 꽃이라고 말할 수 있는 것도 정신이 있기 때문이다. 그런데 정신은 물질의 반대가 아니다. 물질대사와 정보신호의 소통은 하나의 과정의 다른 표현이라고 한다. 정보의 소통은 생화학적 신호를 통해 정신작용을 일으킨다고 한다. 그래서 "생명 과정은 곧 앎의 과정"이라고 하는 것 같다. 또한 〈한살림선언〉이 물질 안에도 정신이 있다고 말하는 것도 이런 맥락일 것이다.

물질과 생명과 정신은 나누어질 수 없는 전체이다. 진화의 과정을 거치면서 물질에서 (좁은 의미의) 생명현상이 생겨나고 생물학적 진화의 정점에 인간생명이 존재한다. 물질과 생명현상을 부정하고서는 인간 정신도 존재할 수 없다. 물질, 생명, 정신은 우주적 전체성의 다른 표현들이다. 과학자들은 정신과 물질이 더는 두 개의 다른 범주에 속한 것이 아니라고 말한다. 생명이라는 같은 현상의 다른 차원 또는 다른 측면에 불과한 것으로 보인다는 것이다. 마치 나눌 수 없는 전체로서의 '한'을 하늘과 땅과 사람으로 나누듯이 말이다.

불교에 "한 티끌 속에 우주가 있다 微塵中含十方"라는 말이 있다. 〈한살림선언〉은 "인간 정신은 자기 안에 거룩한 우주의 마음이 있다"고 선언한다. 식물도 매일 광합성을 하며 태양과 소통을 하고 있지만, 인간은 과학적 지식을 통해 태양계와 은하계를 넘어 우주적 앎을 넓혀 가고 있다. 그렇다면 인간은 우주의 탄생에서 비롯되었거니와, 또한 우주적 진화, 우주의 마음에 참여하고 있는 것이다.

이렇듯 생명의 세계관이란 세계를 살아 있는 것으로 인식한다는 말이다. 스스로 전체생명이기도 한 개체생명의 사회적·생태적·우주적 그물망이라는 뜻이다.

4장 인간에 모셔진 우주 생명: 새로운 인간관과 진화의 논리

3장이 새로운 과학의 성과에 기초해 '전일적 생명의 세계관'을 설명한 것이라면, 4장은 동학을 비롯한 전통사상을 빌어 세계와 인간에 대한 전일적 관점을 보여 준다. 또한, 6항과 7항에서는 진화 과정에서 사람의 인식과 참여를 중심으로 생명 진화의 원리를 풀어 준다.

동양의 전통사상은 대체로 세계를 고정된 실체나 신에 의해 창조된 것으로 보지 않고 '끊임없이 관계하며 변화하는 전체'라고 인식했다. 그런 점에서는 인도의 힌두교나 불교, 그리고 노장사상이나 역易사상도 마찬가지라고 〈한살림선언〉은 말한다.

우리 조상들은 이러한 우주의 근원적 생명을 '한'이란 말로 표현해 왔다. 한은 상반된 의미를 동시에 안고 있다. '개체로서의 한'과 '전체로서의 한', '원심적 확산'과 '구심적 수렴' 등. 한은 하늘·땅·사람을 낳고 거꾸로 각각의 생명은 한이라는 이름의 우주생명으로 합일合一된다.

그러한 '한'을 근세에 재창조한 것이 동학이다. 동학에서 '한'은 '하늘天'이기도 하고 길道, 기氣, 태극太極으로 불리기도 한다. 동학사상은 하늘과 사람과 물건마저도 모두 공경해야 할 '한 생명'이라고 본다.

첫째, 사람은 물건과 더불어 다 같이 공경해야 할 한울이다.
둘째, 사람은 자기 안에 한울을 모시고 있다.
셋째, 사람은 마땅히 한울을 길러야 한다.
넷째, '한 그릇의 밥'은 우주의 열매요, 자연의 젖이다.
다섯째, 사람은 한울을 체현해야 한다.
여섯째, 개벽은 창조적 진화이다.
일곱째, 불연기연不然其然은 창조적 진화의 논리이다.

한 알의 씨앗 안에는 그 생명체의 전체가 담겨 있다고 한다. 사람이 하늘을 모신 존재라면 귀하게 여기고 공경하는 것은 너무도 당연하다. 결국 사람 자체가 하늘이니까 말이다.

이것이 바로 〈한살림선언〉의 인간관이라고 할 수 있다. 사람은 한울님을 모시고侍 길러養 살려내야體 할 거룩한 존재이다. 앞 장에서 만사의 인연이 모인 '한 그릇의 밥' 이야기를 했지만, 인간에게야 무슨 말을 보탤 필요가 있겠는가.

그런데 여기 놓치지 말아야 할 은유가 숨겨져 있다. 모심은 영성을 표현하며, 기름은 생태계를, 살림은 사회적 실천 의미가 숨겨져 있다. 뒤에 나오는 우주적 각성, 생태적 각성, 공동체적 각성도 그런 맥락에서 나온 듯하다.

요컨대 사람은 전일적 삶, 즉 영성적 삶, 생태적 삶, 사회적 삶을 동시에 사는 것이다. 삶/생명의 가치와 인간의 가치도 세 가지 중 어느 것 하나도 소홀함이 없이 전체적으로 조화를 이루며 실현해 가는 것이다.

4장에서는 전일적인 생명의 인간관과 함께 생명 진화의 원리를 동학을 빌어 설명하고 있다. 바로 개벽과 불연기연이 그것이다.

〈한살림선언〉에 따르면 후천개벽이란 죽임의 질서를 해체하고 새로운 생명의 질서를 창조하는 것이다. 그렇지만 후천개벽은 기존의 질서 즉 선천을 폐기하는 것이 아니라 "낡은 것과 새것이 서로 자연스럽게 갈마드는 진화의 흐름을 따라 변화해 나가는 것"이다.

물론 개벽을 위해서는 싸움도 필요하다. 생명의 질서를 창조적으로 복원하기 위해서는 반생명적 질서와의 정치적, 경제적, 도덕적 투쟁도 필요하다. 그러나 그 과정은 생명을 해침으로써가 아니라 왜곡된 것을 바르게 펴듯 해야 한다고 〈한살림선언〉은 강조한다.

불연기연은 한자 뜻 그대로 '아니다^{不然} 그렇다^{其然}'이다. 〈한살림선언〉은 이를 동학식으로 표현된 진화의 문법이라고 말한다. 그런데 세상에 진화하지 않는 것이 없는 만큼 '세상의 이치'라고 해도 크게 틀리지는 않을 것이다.

'기연'의 세계는 눈에 보이는 세계, 즉 경험세계이다. 하지만 당연해 보이는 세계도 이면을 들여다보면 사실은 그렇지 않다. 드러난 세계만 볼 일이 아니라 숨은 이치를 살펴야 한다는 말이다. 지구가 둥글다고 하지만 사실 지구의 표면은 바다와 높은 산으로 우둘투둘하다. 모든 물질은 가만히 있는 것 같지만 분자 수준에서 보면 쉼 없이 진동하며 화학작용이 일어나고 있다고 한다.

수운 최제우는 이를 이렇게 설명한다. "만물은 이룸成과 형상形이 있어 보이는 그대로 말할 수 있으나, 그 이면을 들여다보면 심오하고 심원하다."《동경대전》불연기연편, 各有成各有形所見以論之則其然而似然所自以度之則其遠而甚遠 어쩌면 "A는 A이고 B는 B이다"라는 식의 형식논리에 대한 성찰이라고 볼 수도 있다.

이렇게 말할 수도 있다. '아니다 그렇다'는 아니면서도 그렇고 그러면서도 아니다. 세계를 이분법과 고정된 실체로 보지 않고 생성변화의 과정으로 본다는 뜻이다. 불교의 색즉시공 공즉시색이 떠오른다. 일시적으로는 고정된 것처럼 보이지만 그것은 순간일 뿐이다. 거시세계를 설명하는 뉴턴 역학은 그 자체로 '그렇다'이지만, 원자의 세계를 보여 주는 양자역학으로 보면 '아니다'이다. 그러나 다시 눈에 보이는 세계로 돌아오면 '그렇다'일 수밖에 없다.

나는 나이면서, 동시에 내가 아니다. 지금 이 시각에도 수백억 개의 세포가 죽어 가고 또 새롭게 생겨난다. 또한, 나는 부모가 있어 존재하고 부모의 부모들이 있어 지금 여기 있다. 거꾸로 나는 미래의 자손을 내 안에 담고 있다. 그냥 나라고만 할 수는 없다는 말이다. 나는 나이면서 내가 아니다.

이렇듯 불연기연의 논리는 생명의 끊임없는 생성과 변화를 담아내려는 사상이라고 할 수 있다. '아니다 그렇다'의 생명논리는 기계론적 세계관과 형식논리와 불교에서 상(相)이라고 말하는 고정관념을 단숨에 깨어 버린다. 그리고 창조의 여백으로 새로운 차원의 세계를 연다.

5장 한살림: 방향과 전망

5장에서는 마지막 장답게 〈한살림선언〉의 전체 내용을 정리하면서 산업문명을 넘어설 대안으로 한살림이라는 문명사적 전망과 새로운 사회운동의 방향을 제시하고 있다.

〈한살림선언〉에 따르면 지금 우리는 위기와 전환의 분기점에 서 있다. 문명을 생장소멸이라는 관점에서 보면 소멸의 단계에 이르렀다는 것이다. 그러나 그것이 곧 절멸을 의미하지는 않는다. 위기는 파국으로 이어질 수도 있고, 한겨울 얼음장을 뚫고 새봄이 오듯 새로운 문명으로의 전환, 즉 기회가 될 수도 있다. 〈한살림선언〉역시 새로운 기회의 가능성을 엿보고 있다. 그리고 그 '씨앗'을 한반도와 우리 민족의 역사 속에서 찾고 있다.

근세 서구 열강의 침략과 일제의 식민지배, 남북 분단과 동족상

잔의 비극, 그리고 북녘의 전체주의와 남녘의 오랜 독재체제는 산업문명의 질곡을 적나라하게 드러낸다. 하지만 우리 민족은 죽임의 시절을 겪어 내며 민족 해방과 민주주의, 민중의 안녕과 행복을 위해 치열하게 저항해 왔고, 또 통일의 열망을 키워 왔다. 이렇듯 칠흑 같은 어둠 속 한줄기 여명처럼 새로운 문명의 씨앗이 이 땅 한반도에서 자라나고 있다고 〈한살림선언〉은 이야기한다.

그 씨앗은 바로 '한살림'에 대한 깨달음이다. 다시 말해 우주적·생태적·사회적 관계망으로서의 세계, 즉 생명의 그물, 혹은 살림의 그물에 대한 각성이 새로운 문명을 열어 가는 출발점이라는 말이다.

〈한살림선언〉에 따르면 한살림이란 '생명의 이념과 활동' 그 자체이다. 그러므로 한살림운동은 다시 말해 전일적 생명운동이다. 〈한살림선언〉은 한살림을 이렇게 정의한다.

첫째, 한살림은 생명에 대한 우주적 각성이다.
둘째, 한살림은 자연에 대한 생태적 각성이다.
셋째, 한살림은 사회에 대한 공동체적 각성이다.
넷째, 한살림은 새로운 인식, 가치, 양식을 지향하는 '생활문화활동'이다.
다섯째, 한살림은 생명의 질서를 실현하는 '사회적 실천활동'이다.

여섯째, 한살림은 자기실현을 위한 '생활수양활동'이다.

일곱째, 한살림은 새로운 세상을 창조하는 '생명의 통일활동'이다.

이렇듯 5장에는 한살림운동의 전망과 방향이 정리되어 있다. 그리고 20년이 지난 오늘에도 여전히 유효하다. 〈한살림선언〉은 지금 여기 우리가 가야 할 한살림운동, 생명운동의 좌표가 된다. 그렇다면 그 내용을 다시금 곱씹어 보아야 하지 않겠는가?

한살림세상

I

앞서 말했듯이 〈한살림선언〉은 한살림운동의 정신을 고스란히 담고 있다. 한살림운동의 성격과 방향, 큰 틀을 제시하고 있다.

그 점은 〈한살림선언〉이 밝히는 〈한살림선언〉 작성의 목적에서도 명확하게 드러난다. 딱 두 가지, 아주 간명하다. 하나는 '전일적 생명의 세계관 확립', 또 다른 하나는 '새로운 생활양식의 창조'이다. 이를 실현하기 위한 지속적이고 조직적인 사회적 활동이 다름 아닌 '한살림운동' 혹은 '생명운동'이다.

바로 그 한살림운동의 전체상이 〈한살림선언〉 5장 '한살림'에 압축적으로 그려져 있다. 새로운 문명을 예감하며 한살림운동을 정의하고 과제를 제시한다. 그 내용 역시 크게 두 가지로 나누어 살펴볼 수 있다.

첫째, '한살림'에 대한 깨달음이다. 즉 삶과 세계에 대한 우주적·생태적·공동체적 각성이다. 〈한살림선언〉의 목적에 비추어 말하면 그것을 '생명의 세계관 확립'이라고 할 수 있다.

둘째, 한살림의 실천이다. 다시 그것은 내면의 실천, 생활의 실천, 그리고 사회적 실천으로 나누어 볼 수 있다. 이것이 〈한살림선언〉의 두 번째 목적, 즉 '새로운 생활양식의 창조'이다.

한살림에 대한 깨달음과 실천의 결과는 한살림의 전일적 실현이다. 그것은 한살림세상 그 자체이기도 하다. 〈한살림선언〉은 그것을 '생명의 통일활동'이라고 표현하고 있다.

정리하자면, 〈한살림선언〉이 말하는 한살림운동의 목표는, 생명의 세계관 확립과 새로운 생활양식의 창조, 그리고 생명의 통일활동으로써 한살림세상의 실현이다.

생명의 세계관 확립

〈한살림선언〉은 위기의 원인도 전환의 해법도 세계관에 있다고 강조한다. 오늘날 인류의 생존을 위협하는 생태계 파괴나 빈곤과 불평등도 근본적으로는 산업문명의 '낡은 기계론적 세계관'에서 비롯되었다고 본다. 그렇다면 새로운 문명으로의 전환은 세계관의 재정립에서 시작되어야 한다. 그 열쇠가 바로 한살림 철학, 혹은 생명의 세계관이다.

그런데 대안적 세계관도 개인적으로 '각성'하고 사회적으로 '확립'하지 못하면 의미가 없다. 한 사람 한 사람의 생각이 바뀌고 이들이 모여 사회적 흐름을 형성할 때에 변화가 일어나는 것이다.

〈한살림선언〉은 각성, 즉 깨달음의 내용을 다시 세 가지로 정리한다. 우주적 각성과 생태적 각성, 그리고 공동체적 각성이다. 이는 각각 동학의 시천, 양천, 체천과 삼재론의 천, 지, 인에 대응한다고 볼 수 있다. 이것이 '생명'의 앞머리에, '살림'의 앞머리에 늘상 붙어 있는 '전일적'과 '한'의 구체적인 내용인 셈이다.

'전일적'과 '한'은 시대적 발언이기도 했다. 20년 전 〈한살림선언〉이 나올 당시만 하더라도 인간은 오로지 '사회적 존재'이거나 '경제 동물'일 뿐이었다. 우주영성적 삶은 종교의 울타리에 갇혀 있었고 생태적 삶은 한가한 이야기로 치부되었다. 요컨대 삶과 세계에 대해 전일적인 관점을 갖지 못했다는 말이다.

첫째, 생명에 대한 우주적 각성이다.

"모든 생명은 한울 가득히 가지를 뻗고 있는 우주라는 큰 나무에 연결된 가지, 줄기, 뿌리이다. 모든 살아 있는 것은 우주생명이라는 나무에서 단절되면 그 생명을 잃고 만다."

〈한살림선언〉에 따르면, 인간은 무궁히 자라나는 우주라는 생명나무의 한 가지 끝에 맺힌 작은 열매에 지나지 않는다. 하지만 거꾸로 새로운 가지가 뻗어나는 마디가 되기도 한다. 스스로 생명세계의 일부이면서 동시에 각각 모든 사람이 우주적 진화 과정에 파장을 일으킬 수 있는 우주적 그물코이다.

인간은 철학적으로뿐만 아니라 물리학적으로도 우주적 존재다. 인간을 비롯한 지구 상의 생명체들은 태양 에너지를 통해 생명 활동을 지속하고 있다. 또한 과학자들에 따르면 생명의 구성물질 자체가 우주의 탄생에서 비롯된 우주물질이라고 한다. 생명은 말 그대로 우주적 존재다.

〈한살림선언〉은 "우주생명은 살아서 진화하는 인간의 마음 안에 잠재해 있고 진화하는 인류의 문화는 우주의 전 시공간을 포괄하고 있다"고 말한다. 따라서 우주적 각성은 우주 진화의 역사 속에서 생성되어온 물질·생명·정신의 진화사를 깨닫는 것이며, 유전자 안에, 세포 안에 숨겨진 우주의 시간적 축적을 인식하는 것이다. 동학식으로 말하면 생명은 한울님을 모신 존재다.

인도의 한 명상가는 이렇게 말한다. "명상은 당신 자신 안에 있는 신을 보는 것이며, 사랑은 당신 곁의 사람 안에 있는 신을 보는 것이며, 지식은 모든 곳에 있는 신을 보는 것이다." 우주적 각성을 잘 표현해 주고 있다.

둘째, 자연에 대한 생태적 각성이다.

생명세계의 범위를 우주생명-지구생명-인간생명으로 나누어 본다면, 자연에 대한 생태적 각성은 '지구생명'을 통찰하는 것이라고 할 수 있다.

인간은 자연이라는 어머니의 탯줄을 끊고 독립하였으나 여전히 자연의 일부이다. 그 관계에 대한 깨우침이 곧 생태적 각성이다. 그런데 오늘날 산업문명의 물질적 탐욕은 자신 삶의 터전이자 부모인 지구생태계를 개발의 이름으로 난자한다. 이제 다른 말이 불필요할 지경이 되었다.

우주적 각성이나 공동체적 각성도 마찬가지지만 생태적 각성의 다른 이름은 '생태적 책임'이다. 서구의 녹색운동은 '지구적 책임'이라고 표현한다. 생명의 자유는 생명계 전체를 책임짐으로써 완성된다고 할 수 있다. 기후변화로 지구의 실존을 위협받고 있는 지금, 인류는 지구생명의 운명을 결정하는 시험대에 올라 있다.

셋째, 사회에 대한 '공동체적 각성'이다.

인간이 자연을 떠나서 생존할 수 없듯이 사회를 떠나서 살 수 없다. 인간은 사회라는 공동체의 울타리 안에서 태어나고 자라고 생을 마감한다.

그런데 산업·자본주의 문명은 인간에게 사회와 독립해 살 수 있다는 환상을 심어 준다. 그 비결은 바로 돈이다. 돈은 곧장 정치권력으로 연결된다. 돈만 있으면 이웃과 공동체가 없어도 모든 것을 할 수 있다는 착각에 빠진다.

한 인간으로 볼 때 그것을 이기주의, 개인주의라고 말할 수도 있다. 그런데 실상은 조금 다르다. 자본주의 시장과 근대국가는 인간이 경제적으로나 정치적으로 고립된 개인 주체로 머물도록 유혹한다. 물론 공동체 주체를 인정하지 않는다는 말이 아니다. 큰 흐름이 그렇다는 것이다. 그것이 가능하다고 믿게 하는 것이 바로 돈이다. 정치마저도 경제 논리에 휘둘리게 된 것이 오늘의 현실이다.

오늘날 우리는 돈 놓고 돈 먹기의 투전장, 상대를 쓰러뜨려야만 생존하는 무한경쟁의 격투기장에서 살고 있다. 적자생존보다 더한 강자생존의 시대이다. 하지만 새로운 진화론은 경쟁이나 적응보다 생명계 안에서의 공생과 협동이 진화의 동력이라고 말한다. 생명의 본래 모습을 복원하기 위해서도 현대사회의 병적인 경쟁체제를 극복하기 위해서도 공동체성의 회복과 공동체의 재구성이 절실하다.

〈한살림선언〉은 말한다. "낭비보다는 검약, 경쟁보다는 협력, 물질적 성장보다는 정신적 성숙, 이기보다는 공생, 자기주장보다 사회정의, 분열보다는 통일을 지향하는 참다운 공동체적 각성"이 요청되고 있다고.

새로운 생활양식의 창조

신경생물학자 마투라나와 바렐라가 "생명 과정은 '앎의 과정'이면서 '함의 과정'이다"라고 말했듯이, 각성은 곧 생명 활동(생활)을 변화시키는 힘이다. 그런 점에서 각성과 창조는 나눌 수 없는 하나의 과정이다.

그런데 여기서 생활'양식'이라고 말한 것은 그것이 사회적이라는 의미이다. 나의 생활부터 바꾸기 시작해 사회적 흐름을 형성해야 한다는 것이다. 생활양식의 사전적 의미도 "어떤 사회나 집단에서 공통으로 볼 수 있는, 생활을 인식하거나 생활하는 방식"이다.

생활은 사람의 생명 활동이다. 생활양식은 보통 생산양식과 비교된다. 이때의 생활양식은 주로 소비양식으로 이해된다. 그런데 〈한살림선언〉의 이해는 다르다. 여기서 생활양식은 생산양식과 소비양식, 그리고 교환양식까지를 아우르는 개념이다. 한마디로 삶 전체를 새롭게 창조해야 한다는 의미이다.

일반적인 생명 과정, 혹은 생명 활동을 살펴보면 이해하기가 어렵지 않다. 예컨대 생태계의 먹이연쇄는 생산자(녹색식물)-1차 소비자(초식동물)-2차 소비자(육식동물)-분해자(미생물)-영양물(토양)-생산자의 순환과정으로 이루어진다. 이 과정에서 개체 생명은 존재하지만 전체 생태계에서 분리되는 것은 아니다. 분리하는 순간 개체생명도 생태계도 파괴된다. 사회경제적 순환과정을 보면 더욱 분명해진다. 생산-유통(교환)-소비-폐기(재생). 생산에서 재생에 이르는 전 과정이 생명 활동이고 생명 과정이다. 산업·자본주의사회는 이를 낱낱이 분업화하고 있지만, 이렇게 순환의 연결고리가 끊겨 있으므로 결국 자연 파괴, 생명 파괴가 일어나는 것이다.

'생활양식'이란 이런 의미에서 '삶의 양식'이라고 할 수 있다. 한마디로 삶의 전 과정을 '생명'이라는 열쇳말로 재구성해야 한다는 말이다. 어떤 문명비평가의 말을 빌리자면 "문명은 시공간적으로 구별되는 '삶의 양식'의 총체"이다. 그렇다면 새로운 생활양식의 창조는 곧 새문명운동이다.

〈한살림선언〉은 그 과정을 역시 세 가지로 나누어 설명한다. 생활수양활동, 생활문화활동, 사회실천활동이다. 이는 각각 우주적 각성과 생태적 각성과 공동체적 각성에 대응한다.

첫째, 자기실현을 위한 생활수양활동이다.

만약 사람이 전일적 생명을 모시고 있는 존재라면 자기실현이란 내 안의 우주·생태·사회적 생명을 길러 꽃피우는 것이라 할 수 있다. 나를 과시하거나 타인 혹은 다른 세계를 지배하는 것이 아니라, 내 안에 꿈틀거리는 '한살림'을 열망하며 세계와 하나가 되는 것이다. 그런 점에서 〈한살림선언〉은 자기실현이 "자기와 공동체와 생태계의 공진화를 도모"하는 것이라고 말한다.

물론 수양은 일상생활 속에서 이루어져야 한다. 밥이라는 생명에너지를 기르고 먹고 먹이는 것이 수양이다. 종교인들이 밥을 먹을 때나 어떤 일을 행할 때 묵상하듯 우리는 일상 속에서 항상 깨어 있어야 한다. 그리고 생활 속에서 우주적 섭리가 실현되도록 해야 한다.

둘째, 새로운 인식, 가치, 양식을 지향하는 생활문화활동이다.

마음이 충만해지면 웃음꽃이 피어오르고 몸이 가벼워지듯 각성한 사람에게선 생활의 향기가 느껴진다.

인식과 가치가 바뀌면 생활이 바뀐다. 이기심을 내려놓으면 너 그러워진다. 경쟁심을 버리면 마음이 편해진다. 경제가치 대신 생명가치를 중심에 놓으면 삶이 바뀐다. 그동안 행복의 잣대가 되었던 아파트 평수와 높은 연봉과 지위로부터 자유로워진다.

〈한살림선언〉은 말한다. "그리하여 각성한 인간은 공동체 속에서 이웃과 협동하면서 공생하고 생태계와 균형 있고 조화로운 생활을 추구하게 될 것이다." 새로운 세계관과 가치관에 기초해 새로운 생활양식을 창조하기 위해서는 나 스스로가 새로운 생활양식이 되어야 한다.

셋째, 생명의 질서를 실현하는 사회실천활동이다.

어쩌면 한살림운동의 본령은 여기에 있을지도 모른다. 바로 이것, 생명질서, 혹은 생명가치의 사회적 실현 말이다. 〈한살림선언〉은 한살림의 사회실천활동을 다음과 같이 규정한다. "낡은 기존의 사회·정치·경제 구조와 질서를 생명질서에 맞게 변화시키는 것이다."

이를 위해서는 싸움도 필요하다. 사회적 분열과 경제적 불안을 조장하는 정치권력과 실업, 주기적 불황을 유발하고 생태적 균형을 파괴하는 반생명적 경제권력에 맞서야 한다.

그러나 이것은 사랑의 투쟁, 평화의 투쟁, 생명의 투쟁이다. 인위적 폭력으로 기존 질서를 해체하는 것이 아니라 새로운 문명을 위한 창조적인 활동을 말한다.

〈한살림선언〉을 공동으로 기초하였으며, 한살림운동의 살아 있는 '정신'으로 존경을 받은 무위당 장일순 선생은 〈한살림선언〉을 발표하던 날 강연을 통해 "혁명은 때리는 것이 아니라, 보듬어 안는 것이다"라는 말씀을 남겼다.

한살림세상을 위하여

우주적 각성, 생태적 각성, 공동체적 각성을 바탕으로 생명의 세계관을 확립한다. 이에 기초하여 생활수양활동과 생활문화활동과 사회실천활동을 펼쳐 새로운 생활양식을 창조한다. 그리고 생명의 대통일을 이루는 새로운 세상, 개벽 세상을 연다. 이것이 바로 한살림이다.

한살림은 우주와 생태계와 인류를 통찰하면서 분단을 극복하는 것이며, 생태적 균형, 사회정의, 자기실현의 길을 모색하는 것이다. 〈한살림선언〉에 따르면 진정한 통일운동은 "우리 민족의 통일만을 지향하는 것이 아니라 전 인류, 전 생태계, 전 우주생명과의 통일을 지향하는 생명운동"이기 때문이다.

한살림세상이라고 해도 좋을 것이다. 이는 곧 하늘과 땅과 사람이 균형과 조화를 이루고, 인간에게서는 육체와 정신을, 사회에서는 개인과 공동체를, 생태계에서 자연과 인간을 통일시키며, 이 모든 것을 '한살림'으로 아우르는 대통일을 이루려 함이다.

다음은 이를 그림으로 그려 본 것이다.

생명의 세계관 확립		
생명에 대한 '우주적 각성'	자연에 대한 '생태적 각성'	사회에 대한 '공동체적 각성'

새로운 생활양식의 창조		
자아실현 위한 '생활수양활동'	새로운 가치·양식을 지향하는 '생활문화활동'	생명의 질서를 실현하는 '사회실천활동'

한살림세상을 창조하는 생명의 통일
자기실현·생태적 균형·사회정의의 길 새로운 차원의 민족 통일 물질/정신, 개인/사회, 민족/인류, 자아/우주생명의 합일

인류는 지금 전환기에 서 있다. 경제적 불안정과 기후변화는 인류의 생존을 위협한다. 누구도 미래를 장담할 수 없다. 그러나 다른 한편, 혼돈과 요동 속에서 새로운 질서가 형성되고 있다. 산업문명

을 극복하고 문명의 새 지평을 열어야 할 때이다. 전 인류와 세계에 생명의 씨앗을 퍼뜨려 새 문명의 여명을 알리고 지금 여기서 개벽 세상을 열 때이다. 이것이 〈한살림선언〉이다.

"우리는 바로 지금 여기에서 새로운 생명의 이념과 활동인 한살림을 펼친다." - 〈한살림선언〉 중에서

다시 한살림의 길을 묻다

다시 새롭게

I

〈한살림선언〉 20년, 지구가 태양의 둘레를 돌아 다시 제자리로 오길 스무 번이 되었다. 아니 스무 번은 맞지만 제자리는 아니다. 그 사이 태양계와 은하계가 움직여 천체의 좌표가 달라졌을 터이니까.

그렇다. 〈한살림선언〉 20년, 사람도 바뀌고 세상도 바뀌었다. 해마다 달마다 한살림은 '순환 속 미답未踏'의 길을 걸어왔다. 다시 그 길을 반복한 듯하지만, 매번 새길을 헤쳐 온 것이다.

아직도 우리가 가야 할 길은 여전히 〈한살림선언〉의 그 길이다. 그러나 우리가 선 자리는 20년 전의 그곳이 아니다. 지금 여기서 새로운 현재와 만나고 미래를 창조해 나가야 한다.

이렇게 말할 수도 있다. 복원과 창조, 반생명의 질서를 극복하고 생명세계의 본모습을 복원하는 것. 인간과 자연, 인간과 인간, 자아와 자기가 통합된 생명세계의 본래 모습을 되찾아야 한다. 그리고 산업문명을 넘어 새로운 문명의 단계에 걸맞은 의식과 삶, 사회를 창조해 내야 한다.

〈한살림선언〉이 산업화의 가파른 성장기에 그 폐해를 통찰하고 새로운 가치와 전망을 보여 주었다면, 이제 우리는 그것을 심화 확장하여 한살림세상을 실천하고 실현해야 한다. 또한, 20년 전 〈한살림선언〉이 새로운 생활양식의 총론을 제시했다면, 이제 주체의 성장과 사회 변화에 맞추어 각론, 즉 구체적 실천과제와 방법들을 탐색해야 할 때다.

요컨대 〈한살림선언〉이라는 거울에 비춰 변화된 현실을 진단하고, 오늘의 길을 다시 묻고 또 스스로 답할 때이다. 외부의 변화에 조응하고, 조직의 성장에 걸맞은 새로운 운동 방향과 전략을 모색해야 한다. 〈한살림선언〉의 가치와 전망을 지금 여기 살아 있는 현실로 만들어야 한다.

전환의 시대

I

위기나 전환이란 말이 우리 생활과는 관계없는 정치가들이나 기업가들의 이야기 같지만 조금만 주의 깊게 살펴보면 바로 나와 이웃의 이야기이다.

오늘날 한국 사회와 지구촌은 과잉생산, 과잉소비를 걱정할 정도로 역사상 유례없는 물질적 풍요의 시대를 살고 있다. 그러나 풍요와 행복은 너무나 분열적이다. 시장은 상품으로 넘쳐나는데 굶는 사람들은 줄어들지 않는다. 경제성장에 비례하여 생태계 파괴는 심화하고 환경비용은 급증한다.

매일 아침 마주하는 식탁이지만 우리는 밥의 정체와 이력을 알 수가 없다. 이웃이 무섭고 회사도 믿을 수 없다. 가족 외에는 미래를 의논할 사람도 별로 없다. 급속한 사회 변화 속에서 세대 간 단절은 소통 불가 수준이다. 학업성적과 따돌림과 고독 때문에 어린 생명이 목숨을 던진다. 정신적 빈곤감과 열패감은 더욱 뼈아프다. 기러기 아빠가 상징하듯 자신의 삶을 돈이나 직장, 혹은 자녀 교육에 저당 잡힌 채 영혼 없는 존재로 살아가고 있는지도 모른다.

한국 사회는 그래도 나은 편이다. 자본주의 세계체제의 80 대 20 중 잘사는 20에 속해 있으니까. 나머지 '80'에 속한 사람들은 전쟁과 기아, 기후변화의 영향으로 생존 자체를 기약할 수도 없다. 갑자기 날아온 폭탄에 온 가족을 잃고, 구호품을 받으려 달려들다 수십 명이 압사를 당한다. 예고도 없는 홍수와 태풍에 속절없이 떼죽음을 당하고, 에이즈와 조류독감은 가난한 나라 어린이의 생명부터 앗아간다.

위기와 전환

〈한살림선언〉은 20년 전 산업문명의 위기를 진단하며 '생명'을 화두로 새로운 문명으로의 전환을 예고하였다. 그런데 오늘날 위기와 전환이라는 〈한살림선언〉의 통찰은 이제 냉엄한 현실이 되었다. 위기는 도처에서 지뢰처럼 폭발하고 전환의 징후들은 우후죽순처럼 솟아난다.

유럽의 텔레비전이 유엔의 보고서를 빌어 기후변화의 섬뜩한 종말을 경고한다. 지구의 평균기온이 4℃ 오른 2075년, 인류 문명의 최후가 적나라하다. 에너지·자원의 고갈과 식량문제는 발등의 불이 되었다. 석유정점$^{Oil\ Peak}$이라는 말처럼 인류는 지금 뾰족한 꼭대기에서 아슬아슬하게 서 있다. 세계 금융 위기를 경험하며 사람들은 산업·자본주의 문명이 영속할 수 없다는 사실을 절감한다. 그뿐만이 아니다. 괴질병의 유행과 일상화된 자연 재난이 예사롭지 않다.

전혀 다른 측면의 변화도 포착된다. 디지털 기술로 인해 시간과 공간이 내 손 안으로 들어오고, 터치스크린과 마우스가 내 몸의 일부가 되었다. 인류의 인식 지평은 태양계를 넘어서 은하계로 확장되고 있다. 정보 기술, 생명공학, 우주과학의 발전은 사람들의 의식과 삶의 방식을 근본적으로 바꾸고 있다. 문명사적 전환의 또 다른 증거이다.

한마디로 21세기 초입 우리는 지구적 위기와 대전환의 시대를 살고 있다. 사실 인류에게 위기 아닌 때가 없었다. '도전과 응전'이란 말도 있듯이 위기는 생명 과정의 또 다른 면이다. 위기는 기회이기도 하다. 한자문화권에서 위기危機란 천지인 삼재의 세 기틀이 위태로운 상태를 말한다. 반면에 기회機會란 천지인 삼재가 새로운 차원으로 만나는 때이다. 혼돈의 가장자리에서 새로운 질서가 형성되고 위기 속에서 새로운 기회가 생겨나는 것이다.

그러나 오늘의 위태로움은 차원이 다르다. 인류의 삶터인 지구의 한계용량을 넘어서는 위기이기 때문이다. 임계점을 넘어서는 위기는 차원 변화와 질적 전환을 강요한다. 바뀌지 않으면 곧 죽음이기 때문이다.

산업문명의 불평등한 물질적 풍요와 자연에 대한 탐욕스런 착취는 지구와 인류의 지속가능성을 근본적으로 위협하고 있다. 자본주의는 세계화를 통해 욕심껏 시장을 확대했지만, 결과적으로 21세기엔 위기도 세계적이다. 생태 위기가 사회적 재앙이 되어 기존의 체제와 문명을 무너뜨릴 것이라는 경고가 잇따르고 있다.

1972년에 로마클럽이 일찍이 '성장의 한계'를 경고했거니와 새 천 년이 시작되던 2000년도엔 리스본그룹이 '경쟁의 한계'를 분명히 했다. 요컨대 산업주의/자본주의 문명이 경제성장 지상주의와 시장경쟁 원리주의를 포기하지 않을 경우, 인간과 생태계, 즉 인류와 지구의 생존과 지속가능성을 장담할 수 없는 상황에 이르렀다는 것이다.

하지만 극심한 위기는 칠흑 같은 새벽처럼 전환의 징후이기도 하다. 위기와 전환은 동전의 양면과 같다. 정리해 보면 이렇다.

첫째, 기후변화로 대표되는 생태 위기는 생태적 전환을 강제한다.

둘째, 만성적인 과잉생산과 구조적인 양극화·불평등을 심화시키는 사회경제체제의 위기는 사회적 전환을 촉구한다.

셋째, 자기로부터 분열되고 이웃과 단절된 인간성의 위기와 생태·사회적 위기는 세계관·가치관의 전환을 요구한다.

유엔과 같은 국제기구들도 기후변화에 대처하기 위해서는 근본적으로 순환사회로의 전환이 불가피하다고 주장한다. 물질적 풍요를 포기하지 않으면 해법 찾기가 불가능하다는 것이다. 바야흐로 위기는 전환을 강요하고 전환은 불가피한 선택이 되고 있다.

분기점에 선 한국 사회

한국 사회도 전환의 분기점에 서 있다. 근대화·산업화를 향한 질주를 시작한 지 50여 년, 국가 주도의 산업자본주의 시대를 지나 지식과 정보, 녹색 기술과 산업을 경제성장의 동력으로 삼는 후기 산업화 시대로 접어들었다.

무엇보다 한국은 이제 G20, 세계적인 경제 강국이 되었다. 지구적 경제 위기 속에서도 자본주의 세계체제의 상층에 자리를 잡았다. 국민도 경제성장의 과실을 맛보며 물질적 풍요를 누리게 되었다. 하지만 개발·성장주의는 여전히 배가 고프다. 한국을 하나의 거대한 메갈로폴리스, 즉 도시산업국가로 만들려고 한다. 민족의 통일이 곧 한반도 전체로의 자본주의 시장의 확대를 의미할지도 모른다.

그러나 자본주의 세계체제에 구조적으로 결박된 한국 경제는 세계 경제의 불안정성보다 더 위태롭다. 대외의존적인 수출경제의 문제점은 말할 것도 없거니와 이미 저성장체제로 진입한 경제체제하에서 한국 경제는 구조적으로 불균형하다. 시장경제와 공공경제와 사회적 경제 사이의 불균형, 대기업과 중소기업, 수도권과 지방 간의 경제적 불균형과 양극화는 한국 경제의 건강성을 치명적으로 해치고 있다.

그런데 한국 경제의 진짜 비극은 독자적인 전환이 거의 불가능하다는 것이다. 지금 상태로라면 경착륙이든 연착륙이든 자본주의 세계체제와 운명을 함께할 수밖에 없다. 우리의 선택지는 어디일까?

한국의 정치도 새로운 도전에 직면하고 있다. 한국의 민주주의는 1987년 6월 항쟁 이후 두 번의 정권 교체를 거치면서 비교적 안정적으로 발전해 왔다. 그러나 2008년 새로운 정부가 들어서면서 퇴행을 우려하는 목소리가 높다. 물론 한국의 민주주의가 시민의식의 성장과 함께 이루어졌다는 점에서 결코 과거와 같은 권위주의체제로 돌아갈 수는 없을 것이다.

그런데 한국의 민주주의를 근본적으로 위협하는 것은 '경제의 지배'이다. 표심도 경제요 작동원리도 시장이다. 경제가치와 시장논리가 대한민국이라는 정치공동체를 지배하고 있다는 말이다. 최고경영자가 정치지도자의 모델이 되고, 정부조직은 회사처럼 운영된다. 투표과정은 수요와 공급의 논리가 작동하는 정치시장이 되고 정치과정은 효율성을 잣대로 평가된다. 정치인의 최우선 조건은 경제적 부가 되고 선거는 돈으로 움직인다. 한국 정치는 지금 '시장논리'라는 절벽에 부딪혀 표류하고 있다.

'양극화'는 진보와 보수를 막론하고 오늘의 한국 사회의 성격과 과제를 규정하는 표제어가 되었다. IMF 이후 신자유주의적 정책에다 최근 세계 경제 위기를 겪으면서 한국 사회의 양극화는 돌이킬 수 없을 정도로 구조화·내면화되었다. 부자와 서민, 정규직과 비정규직, 수도권과 지방 사이에 남북 분단 같은 벽이 생겨나고, 소득수준과 의식주 생활을 비롯하여 교육, 의료, 문화 등 모든 분야에서 격차가 일상화되었다.

양극화는 주변화이기도 하다. 국가와 시장의 핵심인 정부기관과 대기업 노동자를 제외하고 자영업자와 비정규직, 소생산자는 물론 중소기업과 정규직 노동자들마저도 탈락의 불안에서 자유롭지 않다.

요컨대 한국 사회는 전환기의 혼돈 속에서 반생명적 질서가 오히려 강화되고 있다. 인간의 노동력은 말할 것도 없고 인격과 영혼마저도 사고판다. 땅과 생태계가 부동산이라는 상품이 된 지 오래다. 성장과 개발이라는 우상을 섬기며 민주주의를 진부한 가치로 치부한다. 정말 '호모 에코노미쿠스' 즉 경제인간이라고 말하지 않을 수 없다.

이렇듯 위기와 전환의 분기점에 서 있는데 아직 뚜렷한 사회경제적 해답을 찾기 어렵다. '산업화'와 '민주화'를 지나 '선진화'의 시대로 가야 한다는 주장이 있지만, 오히려 시장논리와 경쟁을 부추기며 사회 위기를 가속할 위험이 크다는 우려가 크다. 분배에 대한 강조도 경제성장의 논리를 넘어서기는 어려워 보인다.

전환기 한국 사회엔 전혀 다른 차원의 문제 제기가 필요한 듯하다. "죽임의 문명이냐, 살림의 문명이냐?" "경제가치냐 생명가치냐?" 이것이 〈한살림선언〉이 우리에게 던지고 있는 선택지이다. 우리는 이미 지식과 정보가 자기실현의 도구가 아니라 자본축적의 수단이 되는 현실을 목격하고 있다. 지식정보 자본주의 말이다. 생태위기 시대를 맞아 녹색이 화두가 되는 오늘, 진실로 되묻지 않을 수 없다. 생태계까지도 상품화·산업화하는 녹색자본주의로 갈 것인가, 인간과 자연이 공생하는 생명평화 공동체로 갈 것인가?

한국 사회는 지금 분기점에 서 있다. 유럽의 한 생태주의자는 이렇게 묻는다. '돈의 길 money based path'인가? '생명의 길 life based path'인가?

생명의 길

새로운 문명, 대안의 길의 척도는 이제 생명 life이다. 생명은 생활이며 생계며 생태며 생존이다. 한마디로 그것은 '살림'이다. 살림의 경제, 살림의 정치, 살림의 문화가 우리의 길이다. 소극적으로는 죽임의 문명에 맞서 살림의 문명을 일으켜 세우는 것이다. 나아가 적극적으로 각자의 내면의 온전한 열망을 창조적으로 살려 내는 일이다.

　대안은 '역逆선택'이 아니라 '다른 선택'이다. 돈의 지배에 대한 생명운동의 대안은 화폐제도의 폐지가 아니라 전일적 삶이다. 이것이 〈한살림선언〉이 밝힌 '생명의 길', '살림의 길'이다. 영성적 삶과 생태적 삶, 사회적 삶의 조화이다. 그것은 단순한 반대가 아니라 새로운 차원으로의 도약이다. 살림의 시대가 온다. 생명시대로의 전환이다.

　전환은 이미 시작되었다. 정당, 기업, 학교, 노조 등 근대 산업문명의 주춧돌들이 흔들린다. 쏟아지는 비정규직과 비취업자와 탈학교 청소년을 전혀 새로운 시각으로 볼 수도 있다. 근대적 위계와 회사형 인간을 벗어나려는 움직임일지도 모른다. 온라인과 오프라인을 오가며 새로운 세계를 열어 가는 자유로운 영혼들의 탐색이기도 하다. 촛불의 열망처럼 언젠가는 이들이 한국 사회의 희망이 될지도 모른다.

　새로운 문명의 싹이 자라고 있다. 석유정점의 위기 속에서 탈석유 대안생활이 지구촌 곳곳에서, 한국의 경향 각지에서 시도되고 있다. 사회경제적 양극화도 어떤 점에선 기존 질서가 붕괴하는 조짐이기도 하다. 정규직과 비정규직의 양극화는 자본의 전략이기도 하지만, 산업노동의 쇠퇴와 새로운 노동양식의 태동이기도 하다.

　세계 경제 위기의 해법과 관련하여 어떤 이들은 시장의 실패라고 말하며 국가의 역할을 강조한다. 하지만 여기엔 전제 조건이 있다. 무엇보다도 민생民生, 즉 민초들의 생명과 생활 그 자체가 가장 중요하다는 것이다. 자본주의와 사회주의 사이 너머, 그리고 신자유주의와 복지국가를 넘어서 민초들 스스로가 자신의 삶을 일구고, 또 스스로가 주춧돌이 되어야 한다.

  농업적 삶과 산업적 삶, 그리고 정보화 시대의 삶이 한 세대 안에 공존하는 한국 사회, 이 셋을 동시에 안고 또 넘어서는 새로운 지평이 열릴 수도 있다. 중요한 것은 우리의 선택, 삶·생명의 온전한 열망을 선택하는 것이다. '자연선택'이면서 동시에 '자기선택'이다. '강자생존'이 아니라 '더불어 생존'이다. 성장과 경쟁의 신화를 넘어 약자와 소수자, 그리고 강자마저도 더불어 행복한 '한살림의 길'이다. 나비의 작은 날갯짓이 태풍을 일으킨다는 나비효과처럼 한 사람 한 사람의 생각과 실천이 인류의 미래를 바꿀 수도 있다.

한살림운동

I

20여 년 전 〈한살림선언〉은 생명의 지평을 바라보면서 새로운 사회운동의 길을 보여 주었다. 생활협동운동, 환경운동, 생태공동체운동, 대안교육운동, 유기농업운동, 귀농운동, 생명문화운동, 마을운동 등 수많은 생명운동으로 '확산'되었다. 동시에 생명공동체운동, 생명평화운동, 생명살림운동 등 각기 다른 이름을 가진 생명운동으로 '수렴'되었다. 한살림 역시 또 하나의 생명운동으로서 생활협동운동을 중심으로 확장과 진화를 거듭해 왔다.

한살림운동은 생명운동이다. 한살림이라는 말 자체가 전일적인 생명 활동을 이르는 말이거니와, 생명의 세계관을 확립하고 그에 의거한 생활양식을 창조하며, 나아가 생명평화세상을 실현하기 위해 사회적 운동을 펼치고 있기 때문이다.

하지만 동시에 한살림운동은 생활협동운동이다. 밥 한 그릇에 생명세계의 이치가 담겨 있고 밥 한 그릇을 통해 우리의 삶과 사회를 살릴 수 있다고 믿기 때문이다. 정확히 말하자면 한살림의 생명운동은 생활협동운동에서 비롯되고 생활협동운동을 바탕으로 확장된다. 다른 운동들이 제각각의 출발점과 주체의 성격에 따라 수행으로부터 혹은 사회적·생태적 의제로부터 생명살림과 생명평화의 지평을 넓혀가듯이.

오늘 한살림의 25년 역사와 활짝 피어오르는 생명을 화두로 하는 다양한 사회적 운동을 생각하며 다시 묻는다. 한살림운동이란 무엇인가? 〈한살림선언〉을 바탕으로 운동의 주체, 가치와 전망, 그리고 내용과 과정을 풀어 보고자 한다.

주체

현대인들은 '살림살이'를 잃어버렸다. 먹을거리는 패스트푸드와 인스턴트식품으로, 옷은 기성복으로, 빨래는 세탁기가 대신한다. 그리고 대부분 사람이 땅을 밟지 않는 주거 공간에 산다. 산업·자본주의 문명에서 인간은 자아와 생태계에서 분리되어 있을 뿐만 아니라, 삶과 생활에서도 소외되어 있다. 대기업이나 정체를 알 수 없는 시스템이 그것을 대신해 준다.

한살림운동을 한다는 것은 무엇보다 '살림의 주체 되기', '생활의 주인 되기'이다. 살림의 주체에는 물론 분별이 없다. 빈부와 노소를 막론하고 누구나 주체이다. 우주·자연 안에 모든 생명은 평등하다. 역할을 나눌 수는 있지만 누구는 큰 살림을 하고 어떤 이는 작은 살림만 하라는 법은 없다. 그러나 살림을 특별히 잘하는 사람들이 있다. 그 사람들이 바로 한살림운동, 생명운동의 주된 사회적 기반이 된다. 두말할 것 없이 바로 '여성'이다.

여성은 문명사적으로 살림살이 전문가이다. 전통사회에서도 산업화 시대에도 살림살이는 천시되었지만, 이제는 다르다. 생명의 시대에 여성이 전문가이고 선구자이다. 집안 살림뿐만 아니다. 지역살림이든 나라살림이든 여성이 앞장서야 한다. 거꾸로 남성들도 살림을 배워야 한다. 살림살이를 통해 생활의 주인이 되고 참 생명 활동을 깨우칠 수 있다.

특별히 여성은 아이를 낳고 기르는 존재이다. 동학에서는 천지포태天地胞胎라는 말을 하기도 한다. 하나의 세포에서 한 사람의 전인격이 창조되는 포태의 과정은 참으로 경이롭다. 열 달의 포태 기간은 곧 우주생명의 진화사이기도 하다. 그러니 여성은 수십억 년 우주의 역사를 자신의 몸 안에서 경험한 셈이다.

생명 감수성으로 말하면 농민들도 뒤지지 않는다. 농민들은 생명의 씨앗을 뿌리고 기르고 거두어들이는 일을 업으로 하고 있으니 생명 주체라고 해야 마땅하나. 농민들은 농사의 과정을 통해 생명의 지혜를 배우고 사람들에게 전해 준다. 해월 최시형은 양천養天, 한울을 기름을 강조하는데 농민이 바로 기름의 주인공이다. '기름'은 '모심'과 '살림'의 연결고리이다. 여성과 농민은 존재 자체가 우주생명을 모시고 기르고 살리는 삶이다.

이렇듯 한살림운동의 사회적 기반, 즉 잠재적 주체는 살림살이의 주인공이거나 생명 감수성이 풍부한 사람들이다. 여성과 농민뿐만 아니다. 예컨대 생명가치를 깊이 이해하고 생명을 희구하는 노인들, 거꾸로 반생명의 질서에 물들지 않은 청소년들도 잠재적인 생명운동의 주체다. 작은 일상에서 생명의 지혜를 체득한 사람들, 죽임의 문화를 깨닫고 이에 저항하는 사람들, 돈이 아닌 삶의 전모를 알아차린 사람들이 생명의 지평을 여는 주인공들이다.

물론 잠재력이 있다고 해서 모두 주체가 되는 것은 아니다. 사회적 주체란 잠재력이 있는 사회적 집단이 특정한 세계관과 의식을 갖게 될 때 형성된다. 노동자 의식이 없는 노동자가 노동운동의 주체가 될 수 없듯이 여성이나 농민이라 하더라도 〈한살림선언〉에서 말하는 '각성'이 없으면 그저 유행에 휩쓸리는 뭉텅이 '대중^{mass}'에 불과하다.

그런데 각성한 민초들은 집단 주체가 아니다. 전체주의적이지 않고 오히려 개성과 자율성을 드높인다. 각자 자신만의 우주를 창조한다. 한살림이라는 꽃은 시공간적으로 제각각 수억 개의 다른 모습으로 피어난다. 생명의 숲, 혹은 살림의 그물망이 곧 한살림세상이다.

가치: 전망 원칙

세계는 '나'로부터 시작된다. 나와 세계의 관계에서 출발한다. 생명 주체의 필요와 내면의 근원적 열망이 생명운동의 가치와 전망으로 자연스럽게 드러난다.

이념이 아니라 가치다. 특정 계급을 옹호하는 고정된 이데올로기나 정치 노선이 아니다. 자유와 평등, 박애도 이제 이념이 아니라 내면의 가치로 이해하고 삶과 행동으로 실천해야 한다. 그렇지만 가치가 주관적인 의지만을 뜻하지는 않는다. 가치란 공동의 열망이다.

그러므로 가치는 생활과 동떨어진 채 올바름을 강요하는 것이 아니라, 살림 주체의 어여쁜 소망이다. 주체가 있고서야 가치도 있고 전망(비전)도 있다. 사람이 있고 나서 사회도 있고 국가도 있듯이 말이다. 전망은 내면의 열망이 희망으로 그려진 그림이라고 할 수 있다. 그러므로 한살림운동의 가치와 전망은 한살림 '하는' 사람들한테서 나온다. 농민들의 마음, 여성들의 마음속에 이미 한살림의 가치와 전망이 내재해 있다.

한살림의 가치 지향은 곧 '전일적인 생명가치'이다. 이는 〈한살림선언〉이 말하는 세 가지 각성, 바로 영성적 가치, 생태적 가치, 공동체적 가치를 말한다. 내면의 평화를 갈망하고, 자연 속에서 행복하며, 더불어 살 때 따뜻해지는 그 마음이 곧 한살림의 가치 지향이다. 2000년 한살림의 소비자조합원들 중심으로 작성한 〈한살림운동의 지향 – 우리는 이렇게 살고자 한다〉에 이 마음이 잘 표현되어 있다.

우리는 우리 안에 모셔진 거룩한 생명을 느끼고 그것을 실현합니다.
우리는 우리가 딛고 사는 땅을 내 몸처럼 생각합니다.
우리는 이웃과 생산자와 소비자를 가족으로 생각합니다.
우리는 우주생명의 일원으로서 생태계에 책임지고자 합니다.
우리는 더불어 사는 삶을 위해 나부터 시작합니다.

전망이란 일정한 생각을 공유하고 있는 사람들의 가치 지향과 꿈이 실현된 모습이다. 한살림운동의 전망(전망)은 한살림세상이다. 생명운동의 전망은 생명평화세상이라고 표현할 수도 있다. 〈한살림선언〉에 따르면 한살림세상의 구체적인 모습은 자기실현과 생태적 균형, 사회정의로 정리된다.

자기^{self}실현이란 자아^{ego}와 내면의 합일, 개인과 공동체의 합일, 나아가 우주적 합일을 의미한다. 자기실현은 또한 창조적 활동이다. 각각의 개성과 에너지가 문화예술로, 사회적 디자인으로, 충만한 영성으로 실현된다. 산업문명이 발전과 진보를 사회적 목표로 한다면 한살림의 꿈은 창조적 자기실현이다.

생태적 균형은 파괴된 자연 생태계가 본래의 모습대로 조화와 균형을 되찾는 것이다.

생태적 균형은 생태와 경제의 균형이기도 하다. 농업사회에서 경제는 곧 생태였다. 어원상으로도 생태와 경제는 한 뿌리이다. 경제economy와 생태ecology의 eco는 모두 그리스어 oikos에서 왔는데 이 말은 원래 가정, 삶의 터전을 뜻한다고 한다.

그런데 생태계에서 균형은 순환을 통해 이루어진다. 생태계 파괴를 불러온 성장주의의 문제는 순환의 원리를 무시한 데 있다. 유엔이 제시하는 기후변화의 대안도, 녹색의 척도는 성장이 아니라 순환이다.

사회정의는 정의로운 조화를 의미한다. 양극화와 주변화에 대한 생명운동의 해법은 일극화나 피지배계급이 지배계급이 되는 역逆지배가 아니다. 다중심 사이에 균형을 이루는 것이다. 균형 없는 조화는 기득권적 질서의 온존일 뿐이다. 기존의 질서를 고착하는 조화가 아니라 정의로운 조화가 요구되는 것이다. 정의로운 조화는 곧 호혜적 관계의 형성이다. 더불어 행복한 호혜적 그물을 자아 가는 게 한살림운동의 사회적 목표 중 하나이다.

한살림세상이란 이렇듯 세 가지 목표가 더불어 실현되었을 때를 말한다. 한 사람의 삶 속에서, 혹은 지역공동체에서, 나아가 국가나 지구적 수준에서 세 가지 목표가 어우러짐으로써 새로운 차원의 세계를 열 수 있을 것이다. 이것이 한살림이 꿈꾸는 세상이다.

그런데 한살림운동의 가치와 전망을 이루기 위해서는 생명의 원리, 자연의 지혜에서 도움을 받을 필요가 있다. 이는 한살림운동의 원칙, 혹은 잣대가 된다.

생명의 진화에 대한 최근의 과학적 성과는 자기조직화, 자기생성으로 모인다. 일본의 생명경제학자 나카무라 히사시는《생명의 경제 공생의 사회》에서 이러한 생명 과정의 특징을 관계성, 다양성, 순환성이라고 정리하기도 한다. 프리초프 카프라는《생명의 그물》에서 생태적 소양$^{eco-literate}$이라는 말을 쓴다. 글자를 모르는 사람을 두고 문맹이라 하는데, 생태적 지혜가 없으면 생태적 문맹이 된다는 것이다. 그는 상호의존성, 재생, 협력, 유연성, 다양성, 그리고 이 모든 것의 결과로 지속가능성을 생태적 원리라고 말한다.

사실 이러한 지혜와 원리들은〈한살림선언〉에 이미 다 나와 있는 이야기다.〈한살림선언〉은 3장에서 생명을 기계와 비교하며 간접적으로 생명세계의 원리를 보여준다. '생성성' '전체성' '자율성' '유연성' '개방성' '순환성' 그리고 '정신성(혹은 영성)'이 그것이다. 이미 한살림세상으로 들어가는 열쇠는 우리 안에 있다.

세 가지 운동영역

소박하게 말하면, 한살림운동 즉 생명운동은 말 그대로 모든 생명을 살리는 사람들의 활동이다. 인간을 비롯한 모든 생명이 평화롭게 어우러지는 생명평화공동체운동이며, 농민을 살리고 어려운 이웃을 살리며 로드킬의 위협에 처한 동물들을 살리는 운동이다.

이러한 살림의 활동은 근본적으로 죽임의 질서를 살림의 질서로 변화시키는 운동이다. 생명의 결대로 우리의 삶과 사회를 바꾸는 운동이다. 〈한살림선언〉을 빌어 말하면, 한살림운동 즉 생명운동이란 생명의 세계관에 의거하여 반생명적인 의식과 생활양식과 사회를 바꾸고, 새로운 문명을 창조하는 운동이라고 할 수 있다.

그런데 이러한 한살림운동은 활동 영역에 따라 크게 세 가지로 나누어 살펴볼 수 있다. 첫째, 자기실현을 위한 생활수양활동, 즉 '한살림 정신운동'이다. 둘째, 새로운 가치·양식을 지향하는 생활문화활동, '한살림 생활운동'이다. 셋째는 생명의 질서를 실현하는 사회실천활동, '한살림 사회운동'이다. 이들은 각각 한살림운동의 세 가지 전망 즉 자기실현, 생태적 균형, 사회정의에 대응하는 것이기도 하다.

천지인 삼재론에 빗대어 말할 수도 있다. 〈한살림선언〉에서도 꾸준히 언급되지만, 고대 동아시아에는 정鼎이라는 이름의 세 발 날린 솥 모양의 제기祭器가 있었다고 한다. 세 사람 혹은 세력이 안정되게 함께 서는 것을 뜻하는 정립鼎立이란 말도 여기서 생겨났다. 생명운동도 하늘과 땅과 사람처럼, 정신, 생활, 사회의 세 영역이 조화를 이뤄야 한다는 의미이다.

서구의 생태주의 운동도 삼재론과 비슷하게 설명한다. 에코빌리지 네트워크는 세계를 영성·문화적 차원과 생태적 차원, 사회·공동체적 차원으로 나눈다. 각각 천·지·인에 해당한다고 할 수 있다. 프랑스의 생태주의 철학자 펠릭스 가타리$^{Felix\ Guattari}$는 생태학^{ecology}은 환경생태학과 더불어 정신생태학과 사회생태학이 함께 모여 구성된다고 말한다. 즉 이때 '에콜로지'는 우리의 '생명'인 셈이다.

세 가지 운동영역의 내용을 간단히 살펴보겠다.

첫째, 한살림 정신운동. 우주적, 생태적, 공동체적 각성을 기초로 사람의 몸과 마음, 영혼을 닦고 변화시키는 활동이다. 감성과 지성과 영성을 모시고 기르고 살린다. 생명가치를 확산하는 생명문화운동이라고 말할 수도 있다. 생명의 세계관·가치관 운동이기도 하다.

둘째, 한살림 생활운동. 현재 한살림에서 하는 생활협동운동이 바로 그것이다. 한마디로 살림살이, 즉 생활세계를 생명의 이치에 맞게 재구성하는 것이다. 먹고 자고 입고 쓰는 모든 과정을 성찰하고 다시 새롭게 창조한다. 새로운 삶의 양식은 경쟁과 과시가 아니라 절제와 여유, 창조적 자기실현에서 찾아져야 한다. 농업적 삶과 지역적 삶이 하나의 대안이다. 생산-유통-소비-재생의 전 과정에서 대안적 생활양식을 탐색하고 실천해야 한다.

셋째, 한살림 사회운동. 반생명적 사회구조를 생명의 질서대로 변화시키는, 이를테면 생명사회운동이다. 주요한 목표 중 하나는 '돈의 지배'를 넘어서 '생명과 생활'이 중심가치가 되는 사회를 만드는 것이다. 그러기 위해서는 시장과 국가를 대안적으로 재구성해야 한다. 민초들의 자발적 정치공동체로 이루어지는 국가, 호혜적 교환으로 이루어지는 대안 시장을 꿈꾸어 본다.

물론 세 영역으로의 분화는 과정이다. '한'의 본래 뜻이 하나이면서 전체이듯이, 한살림운동은 셋으로 분화되지만 운동 과정에서도 유기적인 관계를 맺어야 하며, 결국 새로운 차원의 한살림으로 통합될 것이다. 치우치거나 소홀해지면 불구가 되니까.

과정 기획

가치와 전망이 '왜'라면, 세 가지 운동은 '무엇을'에 해당한다. 마지막으로 운동의 전개 과정과 실현 과정은 '어떻게'라고 할 수 있다. 한살림운동의 과정은 '구조 기획'이 아니라 '과정 기획'이라고 말할 수 있다. 어떤 미래를 정해 놓고 거기에 짜 맞추는 과정이 아니라, 가치와 전망이라는 우리의 바람을 운동 과정에서 창조해 나가야 한다는 말이다. 한살림세상, 생명평화세상은 운동의 결과로 미래에 만들어지는 것이 아니라 지금 여기서 생성되는 것이다.

'한살림세상'을 만들어 가는 과정을 〈한살림선언〉은 '개벽'이라고 했다. 그런데 사회적 맥락에서 개벽은 기존질서의 해체와 전복이라기보다, 오히려 전환이다. 새로운 전망으로 삶의 방식, 사회적 흐름을 바꾸는 것이다. 세계관의 전환, 생활양식의 전환, 나아가 기존 사회의 체계와 제도를 생명가치에 맞게 변화시키는 '전환의 기획'이라고나 할까.

전환은 일종의 '중심 이동'이다. 기존의 질서와 문화를 일거에 철폐하는 것이 아니라 무게 중심을 옮기는 것이다. 새로운 균형추를 형성시키는 일이다. 뒤집어엎고 권력을 내 것으로 만드는 것이 아니라, 물꼬를 트고 새로운 흐름을 만들어 낸다는 말이다. 그 과정은 물론 비폭력적이어야 한다.

예컨대 삼재론을 빌어 말하면 이렇다. 하늘과 땅과 사람의 균형이 무너져 사람의 법이 하늘과 땅을 압도하거나, 한편으로 하늘을 빌어 사람들의 욕심을 채우려 하고 있다면, '땅의 법'을 통해 균형을 잡아야 할 것이다. 국가와 시장과 사회의 균형이 깨져 시장이 독주하고 있다면 사회가 중심을 잡아 주어야 할 것이다.

이렇게 생각해 볼 수도 있다. 한여름 잎사귀 무성한 '성장'은 자연스럽다. 그러나 가을이 되면 열매를 맺는 '성숙'의 시간이 필요하다. 물론 성장이 불필요하다는 말이 아니다. 백일홍 나무는 여름부터 가을까지 꽃을 피우기도 하니까. 무게중심이 성장에서 성숙으로 옮겨진다는 말이다. 사회경제적으로 우리 사회는 이미 저성장사회, 고령화사회로 진입했다. 그렇다면 사회적 목표가 바뀌어야 한다. 전환기에는 '전환'의 기획이 필요하다.

또한 한살림운동, 생명운동은 '가장자리 혁명'이다. 보잘것없고 허름한, 자본주의 산업문명의 그늘에서 새싹이 자라난다. 19세기 말 조선의 변방 전라도의 한 마을에서 시작되었던 동학농민혁명처럼 미미하지만 사람들 마음속 열망이 분출한다. 생명은 혼돈의 가장자리에서 생겨난다는 말이 있다. 이때 생명은 곧 새로운 질서를 말한다. 콘크리트 벽 벌어진 틈새에서 생명의 씨앗이 자라는 듯, 이를테면 '틈새 혁명'이다. 나비효과처럼 주변에서 새로운 물결을 일으키는 방향을 바꾸는 것이다. 비폭력으로.

살림의 그물

I

생명운동이 과정 기획이라면 그 과정은 살림의 그물을 자아 가는 것과 같다. 하나이면서 여럿인 한살림을 만들어 가는 과정은 생명의 연기법이 그렇듯 서로를 살리는 호혜의 관계망을 형성하는 과정이다.

그 과정은 앞서 이야기한 것처럼 크게 세 갈래로 나누어 진행된다. 정신운동과 생활운동, 사회운동이다. 한살림답게, 한살림의 내용과 방식으로 말이다. 물론 이 세 가지 나눔은 방편이다. 운동의 과정은 따로 또 같이, 통합적으로 관계 속에서 진행될 수밖에 없다.

한살림 정신운동: '한' 깨달음과 새로운 인간
〈한살림선언〉은 무엇보다 '한' 깨달음, 다시 말해 전일적 각성을 강조한다. 우주적 각성과 생태적 각성과 공동체적 각성을 말한다. 이 과정이 바로 한살림의 정신운동이다. 의식의 전환이라고 할 수도 있다. 생명의 세계관과 가치관으로의 전환을 뜻한다. 산업주의, 자본주의

문명의 가치 척도인 경제가치에 대해 생명가치를 분명히 하는 것 말이다.

한살림 정신운동은 궁극적으로 신인간의 탄생을 목표로 한다. 생명의 세계관을 기초로 몸과 마음을 바꾸는 활동이라고 할 수도 있다. 저마다 다른 모습으로 지닌 이성, 감성, 영성을 온전히 풍부하게 되살리는 것이다.

첫째, 이성. 학습을 통해 인식의 지평을 넓히는 과정이다. 학습과 연구를 통해 사물의 이치와 생명의 원리, 생태적 소양을 배우고 익힌다. 성장주의와 유물주의를 비판하고 검토하며 사회의식을 향상할 수 있는 공부도 많이 해야 한다.

둘째, 감성. 한마디로 생명 감수성을 기르는 과정이다. 노동의 땀방울을 통해 땅과 농업에 대한 감수성을 기른다. 더불어 예술적 감수성을 키워야 한다.

셋째, 영성. 생명의 전일성에 대한 깨달음이다. 기존 종교의 여러 가지 의식을 활용할 수도 있다. 명상과 다양한 수행법을 활용하여 내면에 침잠하고 우주의식과 교통한다. 특히 예술을 통한 감성적, 영성적 표현과 소통이 중요하다.

이 과정은 참 나를 찾아가는 과정이기도 하고 새로운 인간이 태어나는 과정이기도 하다. 〈한살림선언〉은 생명력을 상실한 현대인에 대해 통탄한다. 오늘날 인간은 '자신의 생각, 느낌, 활동의 주체'

로서 존재하지 않는다. 상품을 소유하고 소비하기 위해서 자신의 영혼과 육체, 지식과 노동을 상품으로 파는 소외된 존재로 전락해 버렸다. 생명의 세계관을 바탕으로 자신의 몸과 마음의 주인으로 다시 태어나야 한다.

독립적인 수행 공간도 좋지만 일상생활이 곧 '도'이다. 상품가치, 경제가치에 맞서 생명가치를 고양해야 한다. 밥을 명상하고 텔레비전을 성찰하며 이웃을 생각한다. 돈 잘 버는 사람보다는 인생을 아는 사람, 정이 많고 불의에 용감한 사람이 되기를 희망한다.

한살림 정신운동을 위해서는 프로그램과 인프라도 중요하다. 역사적으로 의미 있는 사회단체들이 그랬듯이 새로운 사람들을 길러 내는 교육기관을 준비해야 한다. 조금 작아도 좋다. 지역마다 한살림 학교를 만들고 조직마다 학습모임을 만들어 공부하고 수행하는 문화를 형성해야 할 것이다.

한살림 생활운동: 자립과 협동의 생활양식

사람의 살림살이가 그러하듯 건강한 생활은 한살림운동의 근본 바탕이라고 할 수 있다. '밥 한 그릇'에서 배운 것처럼 먹을거리를 비롯한 생활의 필요^{needs}를 어떻게 인식하고 또 해결하는가가 삶의 기본이기 때문이다. 그렇다면 건강한 살림살이란 무엇일까? 산업주의, 자본주의 사회에서 '잘'산다는 것은 무슨 의미일까?

한살림 생활운동은 무엇보다 생활의 주인 되기 운동이다. 생활 과정을 마트와 쇼핑몰에 의존하지 않고 스스로 만들어 가는 일이다. 아이를 돌볼 때도 학원을 먼저 떠올리지 않고 이웃과 더불어 서로 도와 키운다.

좀 더 내밀하게 들여다보면 우리의 삶은 기업이 만들어 준 소비양식에 따라 표준화, 규격화되어 있다. 아파트 생활이 대표적이다. 땅과 호흡할 수도, 각기 다른 공간을 꿈꿀 수도 없다. 그래서 '생활세계의 식민화'라는 말이 나왔는지도 모른다. 한살림 생활운동은 자신의 생활을 스스로 설계하고 꾸려가는 활동이다. 이것이 한살림 생활운동의 첫 번째 원칙인 '자립'의 관점이다. 먹을거리를 비롯하여 식의주교의食衣住教醫, 즉 먹고 입고 자고 가르치고 돌보는 기초적인 생활의 필요를 스스로 해결하는 자립적인 삶의 양식을 의미한다.

그런데 자립은 협동을 통해서만 가능하다. 자본주의는 돈만 있으면 혼자서 잘 살 수 있다고 유혹한다. 사실 돈만 있으면 뭐든지 살 수 있다. 하지만 시장과 돈으로부터의 해방을 원한다면 협동은 불가피하다. 아이를 돌볼 때도 믿음이 가는 먹을거리를 구할 때도 이웃과의 협력과 신뢰는 필수적이다. 사실 생활이란 말 속에는 생산-교환-소비-재생을 통으로 보는 전일적 관점과 더불어, 각 과정 사이의 순환적 관계와 공생적 협동의 의미가 내포되어 있다. 이런 점에서 한살림 생활운동은 한살림 생활협동운동인 것이다.

생활협동운동이란 생활의 필요를 협동적으로 해결하는 사회적 활동이다. 생산자와 소비자가 서로의 생활과 생명을 신뢰로 보장하는 공생적 협동, 공동구매와 공동공급을 가능하게 하는 소비자와 소비자의 연대적 협동, 생산자와 생산자의 분업적 협동을 통해 경쟁적 상품시장이 아닌 호혜적 생활세계를 창조할 수 있다.

그런데 여기서 생활이란 소비생활만이 아니다. 흔히 '생활' 하면 소비를 떠올리지만, 생활은 말 그대로 사람의 '생명 활동'이다. 앞서 언급한 대로 생활의 필요를 생산-교환(유통)-소비-재생(폐기가 아니다)하는 사회경제적 순환과정이 모두 넓은 의미의 생활인 것이다.

25년여 전 한살림운동이 출발할 때부터 생활양식이란 생산양식과 교환양식과 소비양식을 아우르는 것이었다. 요컨대 소비는 생활의 한 부분일 뿐이며, 소비-교환-생산-재생은 생태계의 먹이연쇄처럼 분리될 수 없는 하나로 연결된 순환고리라는 것이다. 이 점이 소비자운동 중심의 다른 생활협동운동과 구분되는 한살림생활협동의 가장 큰 특징이다. 이들 각 과정에서 우리가 할 수 있는 운동적 과제를 생각해 보면 다음과 같다.

• 생산: 협동조합, 공동체, 계 등 다양한 형식의 생산자 협동운동의 조직. 사회적기업의 확대. 소농, 개인기업, 프리랜서 등 소생산자

네트워크의 활성화, 도시농업 등

• 교환: 도농 직거래를 포함한 호혜적 교환의 확산, 지역시장, 농민시장 등의 호혜시장의 활성화. 지역통화와 비화폐적 거래의 확대 등

• 소비: 새로운 생활양식과 문명의 출발점은 줄이기^{downshift}이다. 대량생산·대량소비·대량폐기의 고리를 끊는 가장 강력한 주체는 깨어 있는 소비자이다. 적게 벌고 적게 쓰고 적게 버리며, 생각을 아름답게 행동을 아름답게 표현을 아름답게 하는 삼소삼미三少三美운동. 생태계와 공동체를 생각하는 윤리적 소비 등

• 재생: 폐기가 아니라 재생의 관점. 소비와 유통과 연계된 재활용의 일상화. 재활용가게와 벼룩시장의 활성화 등

자립과 협동의 생활양식을 실현하기 위해 또 하나 전제할 것이 있다. 직접적이든 간접적이든 농업·농촌과 연계해야 한다는 점이다. 자립과 협동적 생활양식의 원형은 농업적 삶 혹은 지역적 삶이라 할 수 있다. 대도시에서는 불가능하다고 항변할지도 모른다. 그러나 주말농장이든 도시농업이든, 농민상 보선 제휴농업이든 방법이 전혀 없지는 않다. 슬로라이프를 위해서는 도시적·산업적 생활양식의 대안이 필요한데 역시 그 실마리는 농업에 있다.

대안적 생활은 곧 창조적 활동이다. 소비는 절제되고 검소한 삶

이 장려되어야 하지만, 그것은 도덕적 강제를 통해서가 아니라 창조적 자기실현을 통해 이루어져야 한다. 그런 점에서 예술적 성취, 문화적 활동이 중요하다. 이제 한살림 사람들은 안전한 먹을거리 소비자에서 깨어 있는 생활인으로, 나아가 창조적 문화인으로 다시 태어나야 한다.

요약하자면 한살림 생활운동은 생명의 세계관에 기초하여 자립과 협동의 생활양식을 창조하는 것이다. 공동체적 협동 속에서 창조적 개성을 실현하는 것이다. '다른 세계'를 위해서는 먼저 '다른 삶'으로부터 시작해야 한다.

한살림 사회운동: 호혜와 순환의 사회 만들기

하지만 개인과 공동체의 의식과 생활의 변화가 문명사적 파장을 일으키리라 기대하면서도 사실 무력감을 느낄 때가 더 많은 게 현실이다. 소박한 생활환경운동을 무색하게 만드는 태안기름유출사태나 우리 후손들의 의지와는 전혀 관계없이 결정되는 핵발전소와 대규모 개발사업, 채식주의를 비웃는 초국적 식량메이저의 전 지구적 공장농업체제, 전쟁난민을 양산하는 국제질서의 변동은 우리를 당혹스럽게 만든다. 이른바 체제, 즉 체계(시스템)와 제도의 문제이다.

분명 생활 단위의 단순한 합으로만 이 세상이 움직이는 게 아닌 모양이다. 국가시스템과 자본주의 경제체제, 국제정치의 역학관계 등 거대한 체계와 제도는 많은 경우 생활세계와 상관없이, 개인의 의지와 관계없이 독립적으로 작동한다.

의식의 변화를 이끌고 새로운 생활양식을 실천한다고 해서 저절로 새로운 사회경제체제가 만들어지는 것도 아닌 듯하다. '대안적 생활'의 조건을 만족하게 할 수 있는 '대안적 체제'에 대한 별도의 구상이 있어야 한다. 정신운동과 생활운동, 사회운동은 유기적으로 연결되어 있되 각각 고유한 운동영역과 논리를 가지고 있으며 그것에 맞게 다른 차원의 기획이 필요할 것이다. 생명의 가치와 문화가 실현되는 사회체제, 협동의 생활양식을 뒷받침하고 또 보장할 수 있는 사회체제로의 전환을 위한 모색이 요구되는 것이다.

그렇다면 〈한살림선언〉의 체제적 대안은 무엇일까? 이미 여러 차례 강조하였듯이, 〈한살림선언〉은 자본주의와 사회주의를 산업문명의 이란성 쌍둥이라고 말하며 이를 동시에 극복해야 한다고 주장한다. 노동자의 이름으로 국가권력을 장악해 강압적으로 재분배하는 사회주의의 실험은 이미 실패했다. 전 세계를 지배하고 있는 자본주의도 세계적 경제공황과 기후변화를 야기하는 위기의 체제라는 점이 점점 분명해지고 있다. 그렇다면 자본주의도 아니고 사회주의도 아니다. 거꾸로 사회주의적 측면과 자본주의적 측면이 공존할 수밖에 없다. 자유의 정치경제학과 평등의 정치경제학을 아우르며 동시에 넘어서는, 우애(박애) 혹은 생명의 정치경제학이라고 할 새로운 차원의 체제적 상상력이 요구되고 있다는 것이다.

물론 〈한살림선언〉은 체제적 대안을 구체적으로 밝히지 않았다. 기존의 반생명적 정치 질서와 경제 질서에 맞서 싸울 것을 주장하기도 하고 생명의 결에 맞게 우리 사회를 재구성해야 한다는 점을 강조하기도 한다. 하지만 결론은 자본주의와 사회주의에 대한 '그렇다 아니다'의 문법이다. 양극단과 물리적 중간을 넘어서는 이변비중離邊非中의 중도론中道論이야말로 한살림의 길인지도 모른다.

새로운 차원으로 가기 위해 한 가지 확인해 둘 것이 있다. 생명의 세계관은 무엇보다 인간 사회가 생명세계의 일부임을 전제로 하고 있다는 점이다. 사회적 각성 혹은 공동체적 각성은 생명의 전일적 각성의 한 부분이다. 인간人間은 공간空間과 시간時間 사이에 존재하며 하늘·땅·사람으로 구성되는 생명세계의 일부다. 즉 사회는 생명세계를 벗어나서는 존재할 수 없다.

그런데 그 인간 사회 안에도 '삼재'라 할 만한 것이 있다. 시민사회, 국가, 시장이 그것이다. 그것은 각각 문화, 정치, 경제의 영역으로 이해되기도 한다. 폴라니Karl Polanyi와 같은 사회사상가들의 견해에 따르면, 시민사회와 국가와 시장에서는 각각 호혜의 원리, 재분배의 원리, (시장) 교환의 원리가 작동된다.

호혜는 간단히 말해 '주고받기'다. 사회학에서는 되돌아올 도덕적 의무가 전제된 교환이라고 말하기도 한다. 주로 공동체에서 작동되는 원리이다. 우애가 강조된다.

재분배는 말 그대로 '다시 나누기'다. 분배란 생산과정에서 얻은 잉여가치를 생산수단의 소유자, 노동자 등이 적절하게 나누는 것을 말하는데, 재분배는 그 결과가 불균등할 수밖에 없는 현실을 인정하고 세금 등을 통해 분배된 수익 일부를 국가가 수거하여 사회복지 비용 등으로 다시 나누는 것을 말한다. 옛 사회주의 계획경제와 복지국가의 핵심적 작동원리다. 평등이 강조된다.

시장교환은 '사고팔기', 즉 돈을 받고 물건을 거래하는 것을 말한다. 산업사회, 자본주의 사회에 이르러 상품교환이 지배적인 경제원리가 되었다. 신자유주의 세계화 속에서 시장교환(상품교환)은 시장원리주의라고 불릴 정도로 강력한 이데올로기가 되었다. 물론 자유가 한없이 강조된다.

생명의 질서가 실현되는 사회를 만든다고 해서 기존의 질서를 전부 부정하는 것은 아니다. 결국, 우리의 체제적 대안도 이들 사이의 관계와 각각의 역할을 생명의 원리에 맞게 재구성·재창조하는 것이라고 말할 수 있다. 지금 우리 사회는 시장과 경제가 지배하는 시대이다. 시장국가, 기업국가라는 말이 나올 정도다. 하늘, 땅, 사람의 조화가 필요하듯, 국가와 시장과 사회의 균형이 절실하다. 우애(박애)의 가치와 호혜의 원리가 중심이 되는 사회라고나 할까. 정확히 말하자면 호혜를 중심으로 재분배의 힘을 키워 시장과 균형을 이루게 만드는 일이다. 시장이 국가와 사회까지도 마음대로 휘두르는 시장지배체제에서 시민사회(공동체)가 균형추가 되는 새로운 삼자 정립 체제로의 전환을 탐색하자는 것이다. 시민사회로의 기우뚱한 균형이자, 국가와 시장 속에 호혜적 원리를 녹여내는 일이기도 하다. 한살림에는 이미 풍부한 호혜의 경험이 있다. 한살림은 지난 20여 년 동안 생산자와 소비자의 직거래를 통해 이윤 동기에 의해 지배되는 상품시장이 아닌 호혜시장, 즉 대안시장의 가능성을 보여주었다.

한살림은 초기서부터 "생산자는 소비자의 생명을 책임지고 소비자는 생산자의 생활을 책임진다"라는 구호로 활동해 왔다. 한살림의 물품 가격은 수요와 공급의 시장가격에 의해 결정되지 않는다. 대신 농민들과 도시소비자들의 협의로 결정된다.

호혜적 원리는 사실 우리 사회 곳곳에 남아 있다. 가족공동체와 종교공동체와 사촌보다 가까운 마을공동체 안에, 그리고 계와 품앗이의 전통 속에도 호혜의 정신은 여전히 살아 있다. 더욱 주목할 것은 호혜의 현대적 부활이다. 레츠[LETS]라고 불리는 지역 차원의 물품·서비스 교환시스템이나 지역화폐를 발행하는 방식 모두 이용자 서로에게 이익이 되고 지역공동체를 활성화한다는 점에서 전형적인 호혜적 교환이라고 할 수 있다. CSA공동체가 지원하는 농업, 온라인 중고품 교환시장, 벼룩시장과 바자회, 재래시장도 주목해야 할 호혜경제의 현대적 씨앗들이다. 나아가 최근 새로운 온라인문화로 등장한 소셜네트워크서비스나 소셜미디어를 통해서도 호혜적 원리의 가능성이 읽힌다.

그런데 호혜는 순환을 통해 완성된다. 호혜적 순환이 그것이다. 쌍방향의 호혜적 주고받기를 넘어서 교차하는 주고받기를 통해 결과적으로 공동체 전체가 호혜의 그물을 형성하게 되는 것이다. 모든 생명체와 생명계는 순환을 통해서 항상성, 즉 지속가능성을 유지한다. 앞서 본 바와 같이 생산–유통–소비–재생의 사회경제적 순환이 잘 이루어질 때 사회경제적 균형과 조화로운 사회가 가능하다. 마을과 지역에서부터 시작하여 호혜적 순환의 그물망을 형성해야 한다. 다양한 지역공동체는 '호혜적 순환사회'의 기초가 된다.

경쟁사회와 성장사회를 넘어서, 돈과 권력의 지배를 넘어서, 삶·생명이 중심가치가 되고 생명의 원리와 인간의 본성에 맞는 사회를 창조한다. 생태적 균형 위에서 문화예술이 꽃피고 우애의 가치와 호혜의 원리가 실현되는 되는 정의로운 살림의 문명을 꿈꾸어 본다.

지역살림·지구살림

'한살림세상'의 실현 과정은 크게 세 영역으로 구성되는데, 호혜의 그물망을 엮어가는 범역범위 또한 다차원적이다. 바로 나-가정-마을-지역-국가-동아시아-지구로 이어지는 동심원이다. 물론 그 실현 과정은 중층적이면서 동시적이다. '나'는 아이의 엄마이면서, 지역 주민이면서, 온라인 커뮤니티 회원이면서, 한국 국민이고 또 지구시민이다.

여기서 중요한 것은 중층적 동심원의 중심적 연결 고리가 어디인가이다. 어떤 사람은 나와 가정에 중심을 둘 수도 있고 또 다른 사람은 지구시민임을 강조할 수도 있다. 대부분은 국민이라는 정체성, 즉 국가를 중심으로 생각한다. 그렇지만 한살림의 생각은 조금 다르다. 바로 '지역'이 한살림의 관심사이며 강조점이다.

바람직한 지역의 모습은 문화적 정체성과 생태·경제적 균형과 사회적 관계가 온전히 실현되는 전일적인 삶의 장으로, 농촌을 배후에 두고 있는 중소도시가 적절하지 않을까 생각해 본다. 그러나 넓은 의미에서 지역은 도시와 농촌을 막론하고 우리가 사는 생활의 터전을 말한다.

그런데 오늘날 지역은 개발과 투기의 대상일 뿐이다. 자치단체장들은 스스로 CEO임을 자부하고 자치단체가 곧 개발주식회사가 된다. 도시마다 아파트와 산업단지가 장관을 이루고 시골 마을 구석구석 공장형 축산단지들이 들어서 있다. 반생명적 악순환이 농촌 지역의 냉정한 현실이다.

그런데도 지역은 그나마 돈과 권력에서 자유로운, 살림 이야기가 남아 있는 삶의 여백이다. 새로운 세상을 열어 가는 '가장자리 혁명'의 근거지가 될 수 있다는 말이다.

'지역살림운동'은 경제에 지배되는 지역을 '삶의 공간'으로 되살려 내는 운동이다. 탐욕에 오염된 생명세계 즉, 생태계와 생활세계를 복원하고 재창조하는 활동이다. 다시 말해 경제적 공간일 뿐 아니라, 문화적이면서 생태적이고, 사회적 관계가 충실한 삶의 공간으로 만들어 내는 것이다. 앞서 설명한 한살림의 정신운동과 생활운동, 사회운동을 통해 호혜의 그물을 자아 가자는 말이다.

지역을 작은 공화국으로 만드는 꿈도 꾸어 본다. 지역의 정치적 공론장인 지역민회民會, 그 지역에만 존재하는 지역정당, 지역공동체 내의 호혜적 교환을 위한 지역통화(화폐), 지역의 먹을거리 순환시스템 로컬푸드, 지역의 생산물을 나누는 지역시장 등등. 그 속에 한살림이 있다. 한살림 매장은 물품매장이자, 재활용가게이자, 커뮤니티센터가 된다.

"지구적으로 생각하고 지역적으로 행동하자"라는 말이 있지만, 한살림운동은 산업문명이 만들어 낸 근대국가의 틀을 넘어서 지역의 기반 위에 지구적 관점과 책임을 생각한다. 여기서 지역살림과 지구살림은 하나로 연결된다.

우리는 이미 지구시민이다. 인터넷과 수많은 미디어를 통해 지구적 의제에 귀를 기울인다. 세계 경제 위기에서 실감하듯 미국 경제가 감기에 걸리면 우리도 기침한다. 기후변화와 에너지·식량 위기는 말할 것도 없거니와, 한국의 경제구조도 자본주의 세계체제와의 관계 속에서만 제대로 파악할 수 있다.

세계 10위권의 온실가스 배출국이자 나라 부의 절반 이상을 무역을 통해서 얻는 한국인으로서 지구에 대한 무거운 책임을 자각해야 한다. 우리가 경제적 풍요를 만끽하는 사이에 우리의 의지와 관계없이 아프리카에서 기후난민이 양산되는데 결정적인 역할을 하고 있는지도 모른다.

국경을 뛰어넘어 개인과 개인, 단체와 단체, 지역과 지역의 교류와 연대를 통해 지구가 풀어야 할 과제를 해결하는데 함께해야 한다. 이제 실천적 지평을 지구 차원으로 넓혀 가자는 것이다. 일본과 한국의 생활협동운동이 함께 참여하는 '호혜를 위한 아시아 민중기금'과 같은 마을과 마을, 지역과 지역 사이에서 자아 가고 있는 살림의 그물망이 지구를 출렁이게 할 것이다. 초록 지구별을 생태적으로 지속가능하고 사회적으로 정의로우며 창조적으로 자기실현하는 지구생명 공동체로 살려낼 것이다.

한살림, 생명평화의 길

I

〈한살림선언〉은 또 하나의 역사이다. 1989년 〈한살림선언〉은 오늘에도 여전히 기운찬 선각들의 육성이다. 〈한살림선언〉은 생명평화의 '오래된 미래'이다. 우리가 걸어온 길, 한살림이 지금 걷고 있는 길, 그리고 함께 손잡고 나아가야 할 생명운동의 길이다.

이제 〈한살림선언〉을 다시 읽고 배워 새롭게 한살림의 길을 새겨 본다.

첫째, 무엇보다 '모심'이다. 내 안의 한울님뿐만 아니다. 낮은 자세로 주변과 가장자리를, 그 속의 한울님을 먼저 살핀다. 추위와 배고픔과 쓸쓸함을 잊지 않는다. 변화의 싹, 새로운 질서는 거기서 생겨난다고 믿는다. 주변에서 중심을 움직인다. 가장자리 연대를 꿈꾼다.

둘째, '전일적 생명의 세계관과 가치관'이다. 새로운 세계에 대한 눈뜸을 경험한다. 영성적 삶, 생태적 삶, 사회적 삶이 균형 있게 실현되는 한살림세상을 희망한다.

셋째, '문명사적 통찰'이다. 산업문명을 넘어서 살림의 문명을 열어 간다. 국가의 틀을 넘어서 동아시아와 지구적 관점이 생겨나고 우리의 삶도 확장된다. 새로운 삶, 새로운 사회, 새로운 문명의 씨앗이 자라고 있다.

넷째, '사회와 함께, 지역과 함께'이다. 세상과 호흡하고 이야기를 나눈다. 정치도 경제도 살려내야 한다. 지역에서 시작한다. 내가 사는 지역에 작은 한살림 세상을 이루어 낸다.

다섯째, 다시 '사람'이다. 한 사람, 내가 곧 우주의 중심, 나의 행동이 한살림세상을 일구어 낸다. 세계는 내가, 우리가 정의한다. 사람들을 모시고 살릴 뿐 아니라, 길러야 한다. 한살림운동의 백년대계를 준비한다.

한살림은 지금 여기서 창조된다. 한살림의 길을 간다. 생명평화의 길이 없으면 내가 곧 생명평화의 길이 된다. 서구 생태주의와 한국과 동아시아 생명사상의 지혜와 실천이 바로 여기에 있다.

한살림운동과 생명운동은 동서남북, 경향 각지에서 생명의 그물, 살림의 그물을 자아 왔다. 밥상살림, 농업살림, 생명살림으로 내면의 평화, 사회적 평화, 생태적 평화가 매일 아침저녁 해님과 달님과 함께 다시 새롭게 지고 피어난다. 한살림, 생명평화의 길을 더불어 간다.